EMILIO EL *INDIO* FERNÁNDEZ

GRANDES MEXICANOS ILUSTRES

EMILIO EL *INDIO* FERNÁNDEZ

Javier Cuesta y Helena R. Olmo

DASTIN, S.L.

© DASTIN, S.L.
Polígono Industrial Európolis, calle M, 9
28230 Las Rozas - Madrid (España)
Tel: + (34) 916 375 254
Fax: + (34) 916 361 256
e-mail: info@dastin.es
www.dastin.es

Edición Especial para:
**EDICIONES Y DISTRIBUCIONES
PROMO LIBRO, S.A. DE C.V.**

I.S.B.N.: 84-492-0333-3
Depósito legal: M-15.916-2003
Coordinación de la colección: Raquel Gómez

Impreso en España - Printed in Spain

Fernández es un verdadero romántico:
la felicidad le da angustia.
Es la infelicidad en los fines dolorosos
donde él reencuentra su equilibrio.

Raymond Borde.

Capítulo Primero

«CUANDO fui revolucionario yo era joven y quería que me crecieran los huevos, así que se lo dije a mi tío. Él me dijo que la mejor forma para que a un soldado le crecieran los huevos era ir al combate tres pasos por delante del que vaya primero. Mi tío me dijo que así me crecerían los huevos. Además, las balas igual matan tres pasos adelante que tres pasos atrás. *Pero si vas detrás*, dijo, *los huevos no te crecerán nunca.*»

Con esta intensidad recordaba su pasado Emilio Fernández, uno de los más ilustres directores del cine mexicano y gran precursor de la considerada «edad de oro» del séptimo arte azteca, que siempre se jactaba de que «sólo seduzco a las mujeres cuando hay luna llena, porque la fase menguante merma las percepciones eróticas». Su trabajo habla por sí mismo y no deja lugar a dudas; fue un cineasta con testimonios de gran elocuencia, pero su pasado es tan polémico como dudoso; y esta innata afición suya a mezclar realidad con desvarada ficción ha hecho que de su vida anterior hasta su incursión en el cine se conozcan pocos datos, y los que aparecen son bastante contradictorios.

Lo que parece seguro es que este personaje nació en la desaparecida población de Mineral de Hondo, en el municipio de Sabinas (estado de Coahuila), el 26 de marzo de 1904; que su nombre completo era Emilio Fernández Romo, apodado como el *Indio*, y que sus padres fueron el coronel Emilio Fernández Garza, oriundo de España, y la india kikapú Sara Romo.

El pasado que Emilio se diseñó cuando hablaba con periodistas y biógrafos es tan incoherente y contradictorio que se ha convertido en un verdadero enigma. Sin embargo, una cosa es cierta; su amor al pueblo mexicano, su ansia patriótica y su alma revolucionaria: «El orgullo más grande de mi vida es haber tomado parte en la Revolución, de lo que me quedaron cuatro heridas por acciones de armas», comentaría el *Indio* en más de una ocasión.

Se ha dicho que cuando tenía nueve años, mientras su padre luchaba en las filas revolucionarias, mató con una carabina al amante de su madre, un terrateniente que conocía al dedillo las ausencias del patriarca. Éste, en teoría, fue el detonante que le hizo incorporarse a la lucha armada. Pero no nos adelantemos porque la verdadera consecuencia inmediata de tal acción fue la desaparición de doña Sara, bien porque un amigo del latifundista la matara queriendo vengarse, como explicó el propio Emilio, o porque huyera, temerosa de la reacción de su violento marido. Este hecho propició en 1918 las segundas nupcias del coronel Fernández con la viuda de su hermano Fernando. Su nueva esposa era una sumisa mujer llamada Eloísa, que le dio nueve hijos, y por consiguiente nueve hermanos a su tocayo y primogénito. Los niños fueron bautizados con los nombres de Agustín, Rogelio, Jaime, Javier, Teresa, Eloísa, Lila, Irma y Juanita, y precisamente los tres primeros también harían carrera en el cine como actores. Pero hasta en los extremos más íntimos y familiares la realidad de Emilio se enfrenta con la de su hermano Fernando, afamado actor y cantante, ya que, según el cineasta, la última vez que vio a su padre fue muerto y cubierto completamente de sangre a causa de los dieciocho balazos que habían acribillado su cuerpo —dependiendo del entrevistador o entrevistadora, los dieciocho balazos de convertían en treinta y cuatro como por arte de magia—, mientras que Fernando dijo que «mi padre se murió de viruela cuando yo era muy pequeño», claro que no sabemos si se trata de su padre natural, o del cuñado que se casó con su madre.

Volviendo al relato de Emilio, el futuro cineasta marchó siendo un niño a combatir en la Revolución para luchar de parte de los *carrancistas*, pero en la toma de Zacatecas tuvo su primer encuentro con el célebre general Felipe Ángeles y se pasó al bando de los *villistas* para ponerse a las órdenes del popular general. En otras ocasiones dijo que se pasó a los *villistas* para vengarse de su padre, que le había pegado una brutal paliza. Entonces, con tan sólo once años, consiguió su primer ascenso a oficial, o al menos así se lo contó a la periodista española Natalia Figueroa y más tarde lo corroboró en un plató de Televisión Española cuando fue entrevistado por la actriz y presentadora catalana Mónica Randall. Cuando le preguntaban sobre lo joven que era para tomar las armas, él declaraba que no era el único niño armado y añadía: «Fui el niño más feliz del mundo. Yo tenía un rifle 30-30, un caballo y un campo de batalla. Esos fueron mis juguetes y los revolucionarios mis compañeros de juegos. Y además no iba a la escuela y se me respetaba como soldado.»

Cuando en 1920 el general Ángeles abrió un colegio militar en Popotla, se llevó a Emilio con él, quien presuntamente ingresó con el grado de capitán primero de caballería.

Siguiendo la línea argumental del propio protagonista, en una entrevista concedida al diario *Unomásuno* el 14 de marzo de 1982, Emilio Fernández decía: «Años después me levanté en armas con el general Fortunato Maycotte, hasta 1923, cuando fue fusilado por el general Guajardo, el mismo que dio muerte a Emiliano Zapata. Fui hecho prisionero en el segundo combate de Puebla. Allí acabaron con ciento cinco de mis hombres y después de ser detenido me sentenciaron a veinte años de prisión, pero sólo permanecí tres en Santiago Tlatelolco, porque pude escapar.» Estas declaraciones traerían cola. Para empezar, acudamos a la obra de Paco Ignacio Taibo I, quien se molestó en investigar este fascinante pasaje. En su libro *El Indio Fernández. El cine por mis pistolas* nos recuerda unos datos reveladores, avalados por el peso de la historia. Efectivamente, el *delahuertista* Maycotte fue fusilado el 14 de mayo de 1924 por el general Luis Alberto Guajardo, pero éste no es el mismo Guajardo que traicionó a Emiliano Zapata, muerto en 1920, es decir, años antes de los acontecimientos relatados por el *Indio*.

Lo mejor será situar las fechas correctamente. Corría el año 1925 cuando Emilio dijo ser apresado por los *obregonistas* durante la batalla de Puebla. No olvidemos este dato, pues es bastante importante en esta biografía. En principio, hasta 1928 el *Indio* estará privado de libertad, cosa un tanto chocante, pues a continuación comprobaremos con cuántas celebridades dijo haberse relacionado en ese supuesto trienio de reclusión y cuán lejos de la fortaleza de Santiago Tlatelolco se encontraba. Por supuesto, tampoco obviaremos el pasaje de su fuga de la cárcel, un relato que tendría grandes posibilidades para obtener una nominación al Oscar destinado al mejor guión original.

Capítulo II

UNA vez, y con las cámaras de televisión como testigos irrefutables, Emilio narró cómo orquestó su huida de la cárcel: «Hice un boquete en la pared con un pico.» Ante la sorpresa del entrevistador, que no daba crédito a que en la celda de un prisionero hubiera un pico o cualquier herramienta similar, el *Indio* continuó: «Me lo dieron los soldados que me custodiaban, estaban de mi parte, y hacían ruido en el pasillo para que los oficiales no me pudieran oír.» Libre, Emilio se presentó ante el jefe de la Junta Revolucionaria, el general Gándara, quien al parecer le dio dinero para que fuera a Estados Unidos a comprar armas.

Pero los datos históricos recogen que el único general Gándara *delahuertista* e integrante de una Junta Revolucionaria que trataba de vivificar la corriente capitaneado por Adolfo de la Huerta, fue Samuel Gándara, preso y fusilado el 6 de enero de 1925, al fallar un amago de rebelión que encabezaban él y una tal José Reyes. Por lo tanto, es evidente que este personaje no pudo encomendar ninguna misión al patriótico Emilio.

Años después, el *Indio* concedió otra entrevista, esta vez a las cámaras del periodista venezolano Fernando Ampuero, y en esta ocasión ofrecería una nueva y mejorada versión de los hechos: «Me custodiaban mis propios soldados. Ellos me entregaron un cartucho de dinamita y yo lo hice estallar. La explosión hizo un ruido tremendo. Cayó una pared, a pesar de que era como de un metro y medio de espesor. Por el hueco me tiré desde un segundo piso. Junto a la cárcel había un cuartel de caballería y yo caí sobre los caballos y escapé. Huí hasta los Estados Unidos. Estuve en la misma celda que estuvo preso mi general Pancho Villa. Para llegar al norte atravesé montañas y montañas.»

De cómo llegó Emilio a los Estados Unidos de América poco se sabe, a no ser que nos quedemos con la versión que le dio a la reportera Margarita de Orellana, según la cual cruzó a nado el río Bravo. Una vez llegado a su exilio, hizo de todo menos fregar platos, cosa que le parecía sumamente degradante como macho que era. Pico y pala en mano, atravesó cuarenta y ocho estados hasta llegar a Chicago. Allí, «me vi envuelto en líos de gángsters como Al Capone y *Baby Face*. Yo había salvado de ahogarse a una muchacha que era la amante de *Baby Face*; era una mujer bellísima, Olga Freud, alemana, y ellos me invitaron a comer y a beber en un hotel que se llamaba Escuadra Beach Hotel. Allí tocaba una orquesta, Bianco y Bachicha. Yo había estado en Argentina como agregado militar y había aprendido a bailar muy bien los bailes de allá, y con esta orquesta, bailando, me llamó una persona para invitarme a una copa: era Rodolfo Valentino.»

Primero, de la hermosa dama que casi se ahoga en el lago Mitchigan, casualmente la novia del despiadado George *Baby Face* (Cara de Niño) Nelson —apodado así por su rostro juvenil, aunque su verdadero nombre era Lester Gillis—, también se desprende una anécdota interesante. Emilio se anticipó cuatro años en el tiempo, ya que el lugarteniente de Al Capone, y compañero inseparable de fechorías de John Dillinger, también conocido popularmente como «el enemigo público número uno», nació en Chicago en 1908. En la época en la que el *Indio* sitúa el incidente con la misteriosa y por nadie conocida Olga Freud, Gillis sólo era un pandillero de dieciocho años, que no entrará a trabajar al servicio de la Mafia hasta 1929.

En segundo lugar, en ninguna embajada ni en ningún consulado argentino figura el nombre de un mexicano llamado Emilio Fernández como miembro de su cuerpo diplomático.

Y finalmente, a pesar de sus reiteradas insistencias sobre la estrecha amistad que desarrolló con Rodolfo Valentino, historia también cargada de incoherencias, se puede zanjar con una rápida sentencia: Valentino murió en octubre de 1926. ¿Emilio estaba en la cárcel o estaba bailando tangos en Chicago? Además, los hechos que relata el *Indio* tienen un claro antecedente y también con dos famosos personajes por los que el mexicano sentía especial admiración.

Según recoge Paco Ignacio Taibo I en su libro, el primer encuentro entre Rodolfo Valentino y Emilio Fernández fue de la siguiente manera:

Una noche Emilio estaba bailando un tango profesionalmente en un hotel de Chicago y en una mesa se sentaron Rodolfo Valentino, su esposa, Natascha Rambova, y otros amigos. Emilio baila con una joven profesional y la orquesta es la de Bianco Bachina.

Cuando termina el número, Emilio es llamado a la mesa de Valentino.

—Bailas muy bien; ¿eres argentino?

—No, soy mexicano.

Valentino le invita a una copa y se hacen amigos. Esa amistad llenará al director de cine de un orgullo pueril pero muy profundo. Da detalles una y otra vez y afirma que Natascha Rambova era una mujer muy bella y que Rodolfo hablaba muy bien el español.

Sin embargo hay otras biografías que relatan los inicios de uno de los personajes más carismáticos del siglo XX de una manera muy parecida:

La historia que nos ocupa sucedió una apacible noche de luna llena de 1924, en un restaurante de la ciudad brasileña de Río de Janeiro, cuando Carlos Gardel, el rey del tango, obsequió gratuitamente a toda la clientela del local con algunos de sus temas inolvidables, entre los que se encontraba *Volver*.

Cuando terminó de cantar y se dirigía a la mesa que compartía con sus amigos, Gardel oyó el sollozo de un joven camarero que se apoyaba en la barra con la cabeza escondida entre sus brazos.

Gardel volvió sobre sus pasos y le preguntó al joven:

—¿Por qué lloras, muchacho?

—Porque al oír las notas que ha cantado, me he acordado de mi país, de Grecia.

—Pero no llores más —le contestó el argentino—. Cuando estés triste, haz como yo: canta. Y que la música se lleve las penas del corazón. Anda, cántanos algo de tu tierra.

Los testigos presenciales de aquel encuentro siempre mantuvieron que aquel joven, llamado Aristóteles Onassis, después de dudar un momento, comenzó a cantar y bailar una canción griega, con buen estilo y templada desenvoltura.

Gardel presentó a sus amigos al joven griego y le invitó a sentarse a su mesa. En agradecimiento, Onassis sacó un cigarro puro de su bolsillo y se lo ofreció a Carlos Gardel que, atraído por el aroma que desprendía el tabaco, le preguntó el origen de aquella maravilla. Onassis aprovechó la ocasión para hablarle de Grecia y de su familia, que poseía una pequeña fábrica de tabaco, diciéndole que podría proporcionarle todos los puros que quisiera. De esta manera, sencilla y casual, nació el tabaco marca *Olympia* con «Mezcla Gardel».

No es difícil imaginar la euforia con la que el joven Aristóteles acudió al banco al día siguiente para solicitar un crédito personal y poder embarcarse en el primer negocio de su vida. Pocos meses más tarde los puros «Mezcla Gardel», comercializados por Onassis y popularizados por el cantante, eran el tabaco más cotizado del mercado sudamericano. Los negocios habían ocupado el lugar de la nostalgia y Aristóteles Onassis presintió que podía cumplir la promesa hecha a su familia antes de salir de Grecia: volver de América con una pequeña fortuna.

El *Indio* manifestó en alguna ocasión que él era un Onassis mexicano, y que una de sus mayores ilusiones sería retirarse a alguna bella y soleada playa de su país, a la que convertiría en su isla Scorpios particular, «sentado en la mesa de una cantina, bebiendo tequila y rodeado de putas y machos». Pero mientras el griego dejó Brasil para volar a Grecia convertido en millonario, Emilio tuvo que abandonar Chicago porque, a pesar de haber salvado a su amante, «*Baby Face* podía matarme de un momento a otro», y se fue a Hollywood.

Emilio Fernández no podía llegar a la Meca del cine de cualquier manera, así que lo hizo en el tren que transportaba el cadáver de Rodolfo Valentino. En el entierro conoció a «muchos latinos, entre ellos estaban Alfonso Sánchez Tello, Chano Urueta, Ramón Ramos, Sandino y su hermano. Me incorporé a ellos y así empecé a trabajar en el cine.» Nunca lo hubiera hecho de no ser por consejo de Adolfo de la Huerta, a quien Emilio también dijo encontrar en Hollywood trabajando como «extra de mala muerte», cobrando un sueldo de siete dólares y medio por trabajo realizado, que fue quien le convenció de que «el cine era mejor arte que la guerra. México no quiere ni necesita más revoluciones. *Tú no sabes qué arma tan tremenda es el cine*, me dijo. *Es el instrumento más eficaz que ha inventado el ser humano para expresarse. El cine es más fuerte que un caballo, más fuerte que un 30-30, que un máuser, que un cañón o que un aeroplano. Aprende cine y luego ve a nuestra patria con ese bagaje. Haz cine nuestro y así podrás expresar tus ideas de tal modo que lleguen a miles de personas. No tendrás ningún arma superior a ésa, ningún mensaje tendrá más difusión*».

Emilio, tan radical como de costumbre, puso todo su empeño en aprender todo sobre el séptimo arte, llegando incluso a pagar a varios extras más de lo que les habían ofrecido para que le cedieran sus puestos. Sin embargo, sus pequeñas participaciones cinematográficas en los primeros años del sonoro son un tanto ignotas y confusas. En ocasiones ha declarado que en la primera película que trabajó fue en *Los amores de Carmen Loves of Carmen* (1927), de Raoul Walsh, donde participaba su joven paisana Dolores del Río, de la que «me enamoré locamente, pero ella ni un frijol me echaba, como han de comprender. La adoraba, en serio que la adoraba». En otras ocasiones dijo haber debutado en *Ramona* (1928), de Edwin Carewe, también con Dolores del Río. A veces se remontaba a 1925 con *Monta Bell*, en la que participó su pretendida enamorada Greta Garbo, relación de la que tampoco queda testimonio alguno salvo los ofrecidos por el propio Emilio. Y en otras ocasiones juró y perjuró que había iniciado su carrera artística en *La vida alegre (High steppers). Una para todos (Pals first)* y *El precio de la gloria (Wa price Glory)*, títulos todos en los que aparecía su adorada Dolores.

Podríamos seguir poniendo ejemplos que no harían sino confundir más al lector; así pues, centrémonos en los datos fidedignos. Sí ha quedado clara constancia de sus actuaciones secundarias en los filmes *Destino* (1929) y *Gitanos* (1929), ambos de Chano Urueta. Otras de sus apariciones manifiestas las hizo en *westerns* como *Oklahoma cyclone* y *The land of missing men*, dos trabajos dirigidos en 1930 por J. P. McCarthy, o más tarde en *The westerns code*, del mismo director, para quien siempre hacía de mexicano o de mestizo. Se cree que su última película como extra fue *La Buenaventura* (1934), de William McGann, e inmediatamente después volvió a México.

Capítulo III

— Imágenes de México: antecedentes del cine del *Indio* Fernández —

G RACIAS a la amnistía concedida a los *delahuertistas* en 1933, Emilio Fernández pudo regresar a su país e instalarse en la ciudad de México para emprender la tarea que dijo haberle sido impuesta por Adolfo de la Huerta y hacer su propio cine propagandístico. Emilio sabía perfectamente qué modelo quería imitar, era el del ruso Sergej Michailovic Eisenstein, cuyo trabajo sobre su país pudo ver antes de salir de Hollywood, en el montaje *Tormenta sobre México*.

Para el *Indio*, el notable director ruso se convirtió en una especie de mártir del cine, cuando el propio Eisenstein, el fotógrafo Edvard Tissé y el ayudante de dirección Grigor Alexandrov llegaron a México en 1930 con la sana intención de filmar una película que reflejara todos los símbolos del país, bajo el título *¡Que viva México!*. El rodaje se extendió durante dos años, de 1930 a 1932 y la aventura azteca de los soviéticos estuvo marcada por la fatalidad desde el principio. Apenas instalados, las autoridades nacionales irrumpieron en su alojamiento y les detuvieron durante veinticuatro horas por extrañas razones que no trascendieron a los medios.

Fascinados con la luz y el color del folclore mexicano, Eisenstein, Tissé y Alexandrov grabaron decenas de millares de metros de película antes de volver a Moscú. Tenían ante sus ojos un mundo diferente y desconocido que debían mostrar a Europa. Pero *¡Que viva*

México! nunca llegó a finalizarse porque Upton Sinclair, el productor norteamericano que le financiaba, retiró sus recursos, se quedó con todo el material filmado e impidió la entrada de Eisenstein en Estados Unidos.

De todas las escenas filmadas por el gran maestro ruso se desprenden varios elementos que heredaría un *Indio* absolutamente cautivado, como el sentido estético presente en los bellos paisajes, el dramatismo de la composición del cuadro y la exaltación del indígena solemne.

Hasta entonces el cine mexicano sólo había realizado unas pocas producciones dignas de mención: la película documental *La cultura del Agave*, dirigida por Enrique Rosas en 1901 y varios reportajes que recogían las tendencias revolucionarias que vivió el país. Hasta que en 1919, el propio Rosas realizó el legendario serial policiaco *El automóvil gris*. Después vendrían las diferentes versiones cinematográficas que se hicieron de *Santa*, la célebre novela escrita por Federico Gamboa y publicada por primera vez en el año 1903, que recogía la dramática vida de una joven seducida por un militar, expulsada de la casa de su madre y obligada a ejercer la prostitución. Hasta el propio Orson Welles, cuando mantenía una relación sentimental con Dolores del Río, escribió un guión de esta obra que había sido llevada al cine con anterioridad por Luis G. Peredo en 1918, y Antonio Moreno en 1931, un filme que precisamente se convertiría en la primera película mexicana dentro del cine sonoro. A partir de entonces llegaron las comedias rancheras y románticas a las que se incorporó como actor el *Indio* cuando regresó de Hollywood.

Después de verse obligado a trabajar como boxeador, clavadista en Acapulco, panadero, maestro de tiro y camaronero, siempre según sus particulares versiones, Emilio Fernández pudo retomar su carrera de actor con pequeñas participaciones en filmes como *Corazón bandolero*, dirigido por Raphael J. Sevilla en 1934, y aunque poco a poco iría ganando protagonismo, en esta ocasión ocupaba el octavo lugar del reparto. Urueta volvió a reclamarle, esta vez en México, para trabajar como anotador en *El escándalo*. A continuación vinieron las apariciones secundarias de Fernández en *Cruz Diablo*, de

Fernando de Fuentes, y en *Tribu*, de Miguel Contreras Torres, producciones todas ellas de 1934.

Finalmente, le llegó el momento de interpretar un papel principal, porque a finales de 1934 el director Carlos Navarro le ofrece protagonizar *Janitzio*, para revivir en la pantalla la tragedia del indio Zirahuen, enamorado de la bella Eréndira, papel que interpretaría la actriz María Teresa Orozco.

Abrumado por la fotografía de Jack Draper, *Janitzio* también se convertirá en una de las principales influencias de Fernández como director, ya que descubrirá el modo de plasmar con gran fidelidad la estética y el espíritu mexicanos en el celuloide.

A pesar del éxito del filme y de la agresividad del atractivo físico de su protagonista, Fernández siguió interpretando papeles secundarios, casi siempre el de un hombre fuerte, joven y bien parecido. En 1935 fue vigésimo primero en el reparto de *Martín Garatuza*, filme dirigido por Gabriel Soria; bailó una bamba en *María Elena*, a las órdenes de Raphael J. Sevilla; fue un sirviente silencioso en *Celos*, bajo la dirección de Arcady Boytler. Al año siguiente, ya en 1936, interpretó a un indio villano en *Mariguana*, de José Bohr; hizo de bailarín en *Las mujeres mandan*, de Fernando Fuentes; también bailó en *Allá en el Rancho Grande*, del mismo director; fue el sirviente indio de un sabio chiflado en *El superloco*, de Juan José Segura; interpretó a un maleante en el *western El impostor*, de David Kirkland; fue décimo en el reparto en *Las cuatro milpas*, de Ramón Pereda, e hizo de villano rural en *Almas Rebeldes*, de Alejandro Galindo.

Y mientras tanto, entre personaje y personaje, la mente del *Indio* ya estaba fraguando sus propios cambios. En 1935 escribió con el director Gabriel Soria el guión del filme *Los muertos hablan*. El protagonista Julián Soler dijo: «El libreto estaba escrito por Emilio, al que todavía no le había dado por los indios», y en él ya comienza a notarse el gran impacto que le había causado el maestro Eisenstein.

A finales de año anunció tener una historia escrita para la actriz Andrea Palma, y en 1936 intentó llevar a la pantalla *La isla de Clipperton*, escrita junto a Daniel Castañeda, pero en aquella ocasión no tuvo eco. Finalmente, en 1937 consiguió que se filmara otro de sus argumentos, *Adiós Nicanor*. El director Rafael E. Porras apostó por el proyecto, para el que contó con el propio *Indio* en el papel protagonista, el capataz de un rancho queretano llamado Nicanor, del que están enamoradas dos mujeres: su prometida Lola, papel interpretado por Elvia Salcedo, y Lupe, personaje encarnado por Carmen Molina, que es la hija del patrón. Aparece en escena el apuesto charro *El Gavilán*, en la figura del actor Ernesto Cortázar, que cortejará a Lola y a la hermana de Nicanor, Rosa, personaje desarrollado por Carmen Conde. Lola decide marcharse con *El Gavilán* y Nicanor, despechado, va a buscarla y la trae por la fuerza. Entonces la humilla en público cortándole las trenzas delante de todos los trabajadores del rancho y decide casarse con ella.

El machismo del *Indio* latía con fuerza en todo cuanto firmaba, imponiéndose como su inequívoca carta de presentación.

Pero tampoco este último trabajo le libraría de los papeles secundarios. La industria parecía haber olvidado al magnífico y atractivo Zirahuen de *Janitzio* y, sin embargo, poco a poco se iban introduciendo pequeños cambios que le acercaban a su irremisible destino de director. En 1937, Rafael E. Portas le pidió que le ayudara en la dirección del melodrama *Abnegación*. A este título siguieron más éxitos personales, aunque discretos. Fernando A. Rivero apostó por él en 1938 para trabajar en los melodramas rancheros *El fanfarrón* o *Aquí llegó el valentón*. En el segundo largometraje, no sólo participó en la adaptación del guión, sino que ya figuraba el cuarto de un reparto encabezado por el aún inexperto Jorge Negrete, con quien competía en materia de conquistas amorosas. El *Indio* interpretaba al bandido José el *Aguilucho*, de acciones bondadosas e inteligentes, pues robaba pulche con la sana intención de evitar que los obreros se emborracharan.

Para entonces Emilio Fernández ya se había convertido en uno de los adaptadores de argumentos más habituales para un gran número de directores. Trabajó en el guión de *Juan sin miedo* (1938), basado en la obra de Adolfo León Osorio. En esta película el *Indio*, además, repitió la cuarta posición del reparto, encarnando al villano Valentín, cabecilla de una banda de ladrones de vacas.

Ese mismo año también adaptó un cuento de Jorge Ferris, titulado *El alcalde Lagos*, para la película en la que debutaba Gilberto Martínez Solaris como director, y que dio como resultado el melodrama costumbrista *El señor Alcalde*.

En 1939, Emilio Fernández tendría una pequeña gratificación como argumentista, ya que por fin participaría en la elaboración de un guión que versaba sobre su amada Revolución en el filme *Con los dorados de Villa*, escrito junto al productor y director Raúl de Anda. Vinieron después, y en ese mismo año, la adaptación para *Hombres del aire*, de Gilberto Martínez Solares, y una espina que delataría definitivamente sus sueños, su insignificante participación en *Hombres del mar*, de Chano Urueta. A pesar de las ya sobradamente sabidas diferencias entre el *Indio* y el afamado director, el actor de segunda llegó a decirle: «Quien pudiera como tú, Chano, dirigir una película tan mexicana como ésta...». Pero no faltaría mucho para que su deseo se hiciera realidad. Al año siguiente, Emilio aparecía habitualmente en la pantalla vestido completamente de negro de la cabeza a los pies, y tras interpretar un papel de villano en *Charro Negro*, bajo la dirección de Raúl de Anda, al actor se le conocería popularmente con el sobrenombre que daba título al filme. También en 1940 repetiría posición como bandido en la película de aventuras *El zorro de Jalisco*, de José Benavides; y después de participar en la realización de *Rancho Alegre*, dirigida por Rolando Aguilar, ya nada le separaría de sus anhelos. Aunque desgraciadamente aún quedaban otras «grandes noblezas» por acontecer.

Capítulo IV

— Macho hasta las cachas —

FUE precisamente durante el rodaje de *Rancho Alegre* cuando el *Indio* dio un giro inesperado y aparentemente fatal a su carrera. A raíz de algunos choques de personalidad con uno de los técnicos, Juan Grandjean, Emilio sentirá algo más que animadversión hacia el infeliz. Al finalizar una jornada de trabajo ambos se dirigieron a telefonear, pero cuando llegó Emilio, el técnico se le había adelantado y mantenía su conversación sin importunarse por las exageradas quejas del *Indio*. Cuanto más violento se ponía, más prolongaba Grandjean su llamada, incapaz de adivinar lo que había en juego. Sin pensarlo dos veces, Emilio sacó una pistola y disparó a sangre fría, asesinando al técnico.

No será la única vez que se produzca un incidente de estas características. En 1942, un episodio similar nos dejó una prueba tangible de la violencia del *Indio*. El acta 2412 es el testimonio judicial de la denuncia de un empleado suyo, llamado Alejandro Merino, que le acusaba de haberle amenazado de muerte.

Volviendo al presente, el director de *Rancho Alegre* instó a Emilio para que abandonara el país. Así, el *Indio* llegó a Cuba.

Allí conoció a Gladis, una joven a quien doblaba la edad y que era hija de José Pablo Fernández, un coronel del Ejército Libertador; y se casó con ella. Al poco tiempo constatan que Emilio no estaba reclamado por la policía y la pareja decide volver a México. El *Indio* pretendía trabajar en lo que fuera, no sabría si podría volver al cine y, sin embargo, le esperaba su momento de gloria en la industria del celuloide.

Gracias a David Silva, el *Indio* consiguió la oportunidad de dirigir su primer filme. A cambio de darle el papel protagonista, Silva le presentaría a un productor, el general Juan F. Azcárate... y al final todos lograron sus propósitos: Azcárate ganó un millón de pesos con la película, Silva se hizo actor y Emilio, aunque sólo cobró doscientos pesos y un traje nuevo, debutó como director en 1941 con *La isla de la pasión*, la ansiada plasmación de una idea que el *Indio* intentaba llevar al cine desde 1936.

La isla de la pasión no podía ser sino un drama histórico-revolucionario que anuncia los temas sobre los que repetidamente volverá el *Indio* en su cine posterior: patriotismo, amor frustrado, la belleza de la naturaleza, y todos estos ideales aparecen reflejados a través de una guarnición destinada a la isla de Clipperton, en el Pacífico, que, ajena a cuanto sucedía en México, defendía sus ideales de la invasión francesa hasta la muerte del último de sus hombres.

La película permaneció dos semanas en cartel, un tiempo respetable para la época, y además un sector de la crítica, más numeroso del que cabía esperar, se descolgó emocionado con grandes elogios y comentarios como «es la mejor película mexicana rodada hasta la época».

Sin embargo, hubo quien protestó porque consideraba que las escenas del ataque final eran un plagio de *El acorazado Potemkin* (*Bronenosez Potemkin*), la película con la que Eisenstein había sorprendido al mundo entero en1925. Y el mismo *Indio* de defendió diciendo: «Eisenstein fue para mí una revelación; a él le debo el tomar conciencia de que el cine es el más espléndido de los medios de expresión. México, inquietante dualidad: un pueblo de máscaras y de total transparencia.» Por tanto, no debe extrañarnos que el principiante se apoyara en su ídolo cardinal y quisiera rendirle homenaje en su primer trabajo.

En realidad estas críticas eran completamente infundadas, porque algunas de las secuencias de *El acorazado Potemkin* se han hecho inmortales a los ojos de los espectadores gracias a las numerosas veces que han sido repetidas en todas las décadas y por toda clase de directores. Y es que el filme en sí mismo es toda una lección magistral sobre la técnica cinematográfica, que comenzó casi de manera accidental, cuando en 1925 al gran maestro soviético se le ordenó, junto a otros directores, hacer una soberbia panorámica sobre los acontecimientos revolucionarios sucedidos en 1905. Eisenstein se decantó únicamente sobre la sublevación de los marineros que tuvo lugar en el acorazado *Príncipe Potemkin* y su impacto fue tan grande que las otras siete películas quedaron en agua de borrajas.

El acorazado Potemkin es una obra maestra con mayúsculas, en la que la masa de los sublevados en particular y del pueblo oprimido en general son los verdaderos protagonistas de unas escenas inolvidables, lineales y sobrias, como la de la célebre escalinata en la que a lo largo de seis minutos se puede ver a un pueblo indefenso brutalmente asesinado por las tropas del zar. Sus impactantes imágenes han dado lugar a muchas otras versiones a lo largo de la Historia, entre las que resalta especialmente *El acorazado Sebastopol* (*Panzerkreuzer Sebastopol*), encargada por Hitler y Goebbels en 1936 para arengar a las masas del Tercer Reich.

Si uno observa las imágenes de *El acorazado Potemkin*, rápidamente se dará cuenta de que está frente a las maravillosas bases del cine y ésta es una oportunidad que siempre se debe aprovechar, y más aún si uno se enfrenta a su primera película como director.

Capítulo V

— Los tres pilares de Emilio —

P ERO no sólo sería Emilio el único que seguiría las lecciones rusas de Eisenstein, Tissé y Alexandrov, sino que, cada uno en su medida, el cine mexicano y el cineasta encontraron tres pilares fundamentales para poder explotar definitivamente: el director de fotografía Gabriel Figueroa, el guionista Mauricio Magdaleno y el actor Pedro Armendáriz.

A Gabriel Figueroa se le considera en algunos sectores como la imagen oficial del cine mexicano. Nacido en la ciudad de México el 26 de abril de 1908, el joven Gabriel realizó inicialmente sus estudios en la Academia de San Carlos y en el Conservatorio Nacional de Música, pero rápidamente abandonó los libros y los instrumentos musicales por la fotografía. En 1932 llegó al séptimo arte de la mano de Miguel Contreras Torres, quien le contrató como fotógrafo de tomas fijas en su película *Revolución*, y tres años más tarde aprendería los primeros trucos del oficio en Hollywood al lado del célebre cinefotógrafo Gregg Toland, que le enseñará los primeros pasos en el manejo exclusivo de la luz, la composición y las características que ofrece la profundidad de campo, enseñanzas que más tarde aplicará al paisaje rural y a la naturaleza de los ambientes mexicanos.

Poco tiempo después, Gabriel Figueroa regresa a su país natal y debuta como operador de cámara en *Vámonos con Pancho Villa*, uno de los títulos más emblemáticos en la filmografía de Fernando Fuentes.

27

A esta película seguirían *María Elena*, *Las mujeres mandan*, *Cielito lindo* y *Allá en el Rancho Grande*, filme con el que obtiene su primer premio en el Festival de Venecia.

Después de trabajar con los mejores directores de México, Figueroa es solicitado por el gran maestro John Ford, con el que coincidirá en *El fugitivo (Unforgiven)* y *La noche de la Iguana*, ambas películas rodadas en tierras mexicanas. Pero con quien desarrollaría la mayor parte de su carrera y alcanzaría la fama y la gloria internacional sería al lado de Emilio Fernández, con el que rodaría más de una veintena de películas; muchas de ellas fueron aplaudidas en los principales festivales de cine, además de ganar numerosos premios nacionales. Durante más de cincuenta años, Figueroa tendrá la oportunidad de dejar todos sus conocimientos en algunas de las mejores películas de directores tan legendarios como John Huston, el propio Ford, Luis Buñuel o Don Siegel.

En 1971 recibió el Premio Nacional de Ciencias y Artes en el área de Bellas Artes, en 1987 el Ariel de Oro por su contribución al cine mexicano y en 1995 el premio internacional Sociedad Americana de Cinematógrafos. Falleció en la ciudad de México el 27 de abril de 1997.

Mauricio Magdaleno Cardona nació en Tabasco, Zacatecas, el 13 de mayo de 1906 y estudió Letras en México y en Madrid. Durante su juventud participó en el movimiento vasconcelista de 1929 y mientras vivió en España fue colaborador del desaparecido periódico *El Sol*. Después de pasar como funcionario por los departamentos de Bibliotecas y Bellas Artes de la Secretaría de Educación del Estado, y de ejercer de coordinador de la Secretaría de Gobernación y ocupar diferentes cargos públicos, se inició como guionista cinematográfico junto a Emilio Fernández, aunque el director siempre insertaba su nombre en los títulos de crédito indicando la función que Magdaleno había realizado como creía conveniente y sin ajustarse a la realidad. Trabajó en los argumentos de *Flor Silvestre*, *María Candelaria*, *Las abandonadas*, *Bugambilia*, *Pepita Jiménez*, *Río escondido*, *Pueblerina*, *Maclovia*, *La malquerida*, *Pueblito* y un larguísimo etcétera. También en 1946 dirigió la película *La herencia de la llorona*, prologó varios libros y escribió numerosas novelas y cuentos. Ingresó en la Academia Mexicana de la Lengua en 1957 y recibió los premios Heliodoro Valle y el Nacional de Letras, Ciencias y Artes. Falleció en 1986.

Pedro Armendáriz Hastings nació en Churubusco, en la ciudad de México, el 9 de mayo de 1912. Sus padres fueron la norteamericana Adela Hastings y el mexicano, de Chihuahna, Pedro Armendáriz García Conde. Cuando era un niño, su familia se trasladó a los Estados Unidos y recibió su educación en Texas y California, donde terminó la carrera de ingeniería en la Escuela Politécnica de San Luis Obispo.

Al finalizar sus estudios un joven Pedro, que dominaba perfectamente el inglés y el español, volvió a México, donde trabajó en diferentes profesiones hasta que se hizo un hueco como periodista en el semanario bilingüe *México Real*.

Sus primeros pinitos como actor los realizó encima de los escenarios como un miembro más de la Compañía de Teatro Panamericana, hasta que en 1935 hizo su primera aparición en pantalla gracias a un pequeño papel que le concedió Raphael J. Sevilla en su película *María Elena*.

Casi sin darse cuenta, Armendáriz se convirtió en el icono masculino de la raza azteca, gracias, sobre todo, a sus impresionantes ojos verdes, a su talante siempre varonil y a su gran envergadura, unas características que hicieron temblar por igual a la mayoría de las espectadoras como a sus compañeras de reparto. Hasta la propia María Félix cayó rendida a sus encantos cuando declaró: «En su atractivo no sólo cuenta la belleza física, sino también su arrolladora presencia y magnetismo viril.» Y la actriz argentina afincada en México Libertad Lamarque declaró en una ocasión: «*Pedro Armendáriz fue, de todos los actores con que trabajé, el único que logró ponerme nerviosa.*»

Armendáriz comenzó prácticamente sus pasos en el cine en compañía de Emilio Fernández, con el que rodaría numerosas películas, especialmente *María Candelaria*, filme que le abrió definitivamente las puertas de Europa y de Hollywood, y *La Perla*, ya que gracias a su excepcional interpretación en esta película ganó el Ariel como mejor actor en 1948, un galardón que volvería a conquistar en 1953 por su papel en *El Rebozo de Soledad*.

Pedro Armendáriz no tardó en convertirse en el heredero directo de otros mexicanos y actores latinos que habían triunfado anteriormente en el mercado estadounidense, como Gilbert Roland o Ramón Novarro, al ser elegido por grandes maestros, como John Ford o John Huston, entre otros, para interpretar papeles de carácter latino. También con ellos y con el propio Emilio compartió la peligrosa afición que tenían por las armas.

Pedro será recordado por gran parte del público como el protagonista de la inolvidable película de Luis Buñuel *El Bruto*, encargado de desalojar a unos vecinos de sus casas para poder construir nuevas viviendas. Pero en 1956, cuando estaba atravesando uno de los mejores momentos de su carrera internacional, viajó al desierto de Nevada para rodar, a las órdenes de Dick Powell, *El conquistador de Mongolia* (*The conqueror*), junto a John Wayne, y según parece el lugar estaba lleno de residuos radioactivos, originados por unas pruebas nucleares que se habían realizado en esos parajes algunos años antes, lo que le provocó un cáncer de cadera. Cuando el actor fue informado de su terrible enfermedad decidió acabar con su vida cuanto antes y se suicidó disparándose un tiro en el corazón en la misma habitación del hospital en la que estaba internado. Era el día 18 de junio de 1963.

Capítulo VI

— Diseñando la época dorada —

E MILIO no pierde un minuto y se pone a trabajar en la adaptación de la siguiente película que dirigirá en 1942, *Soy puro mexicano*. Se trata de un historia de espías alemanes, españoles, italianos y japoneses que conspiran en la hacienda de un mexicano. Es la primera de las únicas siete producciones de propaganda bélica que se hicieron en los años del conflicto mundial.

El preestreno no desagradó a la crítica, pero la taquilla resultó un fracaso y no permaneció en cartel más de una semana.

Al *Indio* no le preocupó demasiado este pequeño desliz, porque su atención estaba centrada en el nacimiento de su primera hija, que tuvo lugar el 6 de diciembre de 1942. Adela Fernández no podía venir al mundo de modo vulgar, así que, según contó el mitómano de su padre, eligió la enfermería de una plaza de toros para hacerlo. «Mi padre me cuenta que nací en la plaza de toros El Toreo, que estaba donde ahora ves el Palacio de Hierro de Durango. Era la Plaza de la Condesa. Y papá me ha dicho y repetido algo muy hermoso: que nací al grito de ¡olé! Y a las cinco de la tarde, cuando toreaba Pepe Ortiz.»

La Segunda Guerra Mundial fue esencial para el desarrollo de la industria cinematográfica mexicana. La postura del Gobierno nacional encabezado por Manuel Ávila Camacho ante el conflicto fue decisiva para, indirectamente, situar a México a la cabeza del cine de habla hispana. Tras el ataque que en 1942 acometieron submarinos alemanes contra barcos petroleros mexicanos, el presidente declaró la guerra a las potencias del Eje (Alemania, Italia y Japón), situando a México en el bando de los Aliados. De esta manera México veía solventados los problemas para conseguir cinta virgen y material de grabación. Las potencias con las que directamente competía en materia de cine, España y Argentina, se habían declarado neutrales. España aún estaba pagando las consecuencias de una guerra civil que había invertido sus presupuestos cinéfilos en armamento y utilizaban el material de rodaje con fines bélicos y, además, tanto el país europeo como Argentina mostraron su abierta simpatía a Italia y Alemania.

La fortuna estaba de parte de Fernández. El productor Agustín Fink quiso aprovechar la favorable situación y vio en él a la figura que necesitaba para fortalecer la industria nacional con un cine de mayor calidad, así que le ofrece formar una sociedad y dotarle de las mejores condiciones y el más completo equipo de filmación que había en el mercado. A partir de este momento, Emilio conseguirá lo que ningún otro director mexicano: crear una estética propia, «Construyó un México cinematográfico de nubes, magueyes, haciendas y claroscuros.» Consolidó su propósito de hacer películas con un estilo implacable y directo, donde fuera evidente la exaltación tanto de la fuerza y de lo patriótico, como de la belleza de México. Con la incalculable colaboración del fotógrafo Gabriel Figueroa y del guionista Mauricio Magdaleno, Fernández creó un trío que recordaba profundamente al de los soviéticos Eisenstein, Tissé y Alexandrov. Y gracias a la colaboración de actores y actrices como Dolores del Río, María Félix o Pedro Armendáriz se consiguió poner rostro al mejor cine de la historia mexicana.

Capítulo VII

— Purito mexicano —

E<small>N</small> cuanto a temática se refiere, el *Indio* debe su éxito a las palabras que le dijera De la Huerta en Hollywood. Obedeciendo sus consejos, puso en marcha un cine que rechazaba argumentos ajenos al país y se centraba fundamentalmente en los indígenas, en la alfabetización y en la exaltación del nacionalismo. Su pretensión de hacer un cine crítico es un ejemplo de su admiración hacia John Ford. «Hacer cine tiene que ser otra manera de reverenciar y servir a la patria… Siempre hay que empezar por el principio y el principio son los argumentos; es preciso que todo el mundo —productores, directores, estrellas— advierta que sin argumentos no hay absolutamente nada… Nuestro cine no es aún lo suficientemente fuerte para que podamos permitirnos el lujo de hacer películas que no tienen más pretensión que la de ser *pasables*», son algunas de las frases encadenadas que el *Indio* solía decir cuando se hablaba de cine.

La sociedad mexicana ansiaba ser instruida y Emilio Fernández aprovechó e ideó un código y un vehículo de culturización, un cine que mostró la sociedad de masas en expansión y los arquetipos que mejor eran aceptados socialmente: el padre autoritario, la madre abnegada, la hija refinada, el sabio cura rural, el cacique villano, etc.

Pero, sobre todo, Emilio Fernández dejó múltiples constancias de su hombría, entre ellas el énfasis que puso en rediseñar a la mujer mexicana. El *Indio* configuraba hembras de excepción, dignos modelos de conducta. «La mujer debe ser, ante todo, cariñosa, respetuosa y limpia, celosa de su hogar y de su hombre», decía.En cuanto se salían de esa concepción las despreciaba y las insultaba: «Yo tenía adoración por la mujer mexicana, su pelo largo, peinado, limpio, con raya en medio y sus trenzas, y todo eso se acabó. Ya hay que ver a las inditas de pelo corto con los labios pintados, parecen prostitutas corrientes.» Mucho peores son aún los castigos que les impone en sus películas: la muerte, el destierro, el apedreamiento, la violación, la cárcel, la deshonra, la prostitución, la sumisión absoluta al macho, el rechazo social y familiar.

Estos correctivos se inspiraban en su obsesión por instaurar el único modelo que él juzga admisible ante la desafortunada situación de incipiente liberación que se fragua entre las mujeres, dispuestas a revelarse contra la actitud de sumisión ante el macho, que supuestamente las hacía tan virtuosas. «Se han independizado mucho —declara—, las mujeres se han independizado una cosa tremenda.»

Estaría bien anticiparnos a los hechos y mencionar una opinión relacionada con el omnipresente machismo que caracterizará toda la obra de Fernández, vertida por Alex Cox tras visionar una de sus películas posteriores, *Río Escondido* (1947), de la que hablaremos más adelante. Pues bien, Cox no sólo quedó sorprendido porque se tratara de «un filme extraordinario, tanto visualmente como desde un punto de vista narrativo», además notó que «el legendario macho narra una historia fuertemente feminista, por lo que ha sido un verdadero impacto ver *Río Escondido*». Sobre esta película y sus particulares conceptos existen múltiples opiniones, pero no deja de ser significativo que un crítico aprecie un cambio tan drástico en su desbordada inclinación sexista, lo cual no hace sino manifestar los persistentes trazos de la misma.

La fortaleza y el talante férreo de la mujer protagonista de *Río Escondido* no es diferente a la del resto de sus personajes femeninos y, al igual que el resto, padecerá sometimiento, abuso o muerte. Pues el *Indio* disfruta enseñando docilidad a las mujeres, viendo en ello uno de los mayores placeres. «Yo me puedo acostar con diez mujeres, qué importa. Pero ella no se puede acostar con uno. Es una injusticia, pero es una ley, y además lo llevamos adentro ya inculcado desde el vientre, de que debamos ser celosos de nuestro honor más que de las mujeres. [...] Son leyes que inventó el hombre para sojuzgar a la mujer, tomando ventaja de su sexo e imponiéndole prohibiciones a la mujer. No darle ningún derecho de igualdad y todo eso, ¿no?».

Pero Emilio no se quedaba satisfecho sólo con verter esta ideología en su trabajo, sino que además lo aplicaba en su vida privada. Su hija Adela recuerda cómo debían comportarse en casa ella y Columba Domínguez. Todas las mujeres, incluyendo las que pertenecían al servicio doméstico, andaban descalzas y hablaban entre susurros, para que sus voces no molestaran al hombre de la casa. Columba debía vestir siempre con atavíos típicamente mexicanos y aprendió a no moverse en la cama y a modular la voz según el antojo de su compañero. Esto enorgullece sobremanera al macho que sentía saciarse esa vocación de escultor de la mujer ideal que lleva dentro, llena de inocencia, ternura, inteligencia, firmeza y obediencia; sobre todo, tiene que ser dócil: «Siempre las quiero tener como perros fieles, sumisas al hombre digno de matarse por la defensa y el honor de su mujer», argumentaba el indio como única explicación.

Capítulo VIII

— La revolución del celuloide mexicano —

S U primer trabajo con el anteriormente mencionado equipo de excepción fue en 1943 con *Flor Silvestre* y con la incorporación de Dolores del Río al cine de su país. La actriz, que fue la primera mexicana en triunfar en Hollywood, regresó a México después de mantener un tórrido romance con Orson Welles, de separarse del Fredric Gibbons, diseñador de la estatuilla de los Oscar, en la que tuvo bastante que ver Emilio Fernández, y de quedar bastante desencantada de una industria norteamericana, que le había hecho la vida imposible a ella y a Welles. La película fue un pretendido ensayo de fidelidad histórica ambientado en plena Revolución mexicana, que triunfó gracias a su romántico argumento de amor frustrado entre una campesina y el hijo del hacendado más rico de la región, y sobre todo por su estética. Prueba de ello son los comentarios de los críticos del momento: «Es, sin duda, la mejor película que se ha hecho de nuestro ambiente rural hasta la fecha» (Xavier Villarrutia); «Es la mejor película mexicana. El fotógrafo es un verdadero artista, un gran artista y también tiene alta calidad el trabajo de todos: del director y sus colaboradores» (Diego Rivera); «La estupenda fotografía de Gabriel Figueroa es única» (Roberto Cantú Robert); «La dirección es magnífica. El asunto muy bien llevado. Dirigido con gran tacto y una gran sensibilidad. La fotografía, una de las mejores que he visto hasta ahora en el cine mexicano» (Miguel Covarrubias)...

Estamos viviendo una verdadera revolución cinematográfica. El cine firmado por Fernández y Figueroa intenta ser documental y realista en cuanto a los elementos utilizados para ello. Sin embargo, su mayor atractivo radica en que en realidad resultan historias verosímiles pero imaginadas, que no condicionan el libre albedrío de la ilusión y la fantasía del espectador.

Fernández probó un argumento que se convertiría en otro de sus obsesivos tópicos, el indigenismo, en *María Candelaria*, película que también dirigió en 1943 con el mismo equipo formado para el filme anterior, aunque en la fase de montaje se incorporó al trabajo Gloria Schoemann, un talento con quien contaría el director para la mayoría de sus trabajos posteriores.

María Candelaria «fue una película enteramente mexicana —explicaba el director—, concebida y hecha para Dolores del Río, quien de golpe había ocupado su lugar como mujer distintiva de nuestra patria. Yo en aquella época la había proclamado "la flor más bella del ejido". Escribí la historia de *María Candelaria* en trece servilletas de un restaurante y se la envié a Dolores el día de su santo porque no tuve para comprarle flores». Ésta era la versión que dio el *Indio* para demostrar que la idea original del argumento había sido suya. Pero resulta que un preso apellidado Inclán se hizo oír desde la cárcel, reclamando la autoría del argumento de *María Candelaria*. Tiempo después, ya en libertad, Inclán fue víctima de un extraño asesinato y unos campesinos encontraron su cuerpo abandonado en una carretera.

Aquel argumento iba a resultar polémico hasta el final. Desagradó profundamente a Mauricio Magdaleno, para quien *Flor Silvestre* fue el mejor trabajo de toda la carrera directiva de Emilio. *María Candelaria* «es falsa, muy falsa. Lo que más me molestaba de ella era su folclorismo», decía. La percepción de Magdaleno fue aparentemente cierta, el público no toleró un filme que mostraba ese género de costumbrismo mexicano y la junta directiva de Films Mundiales, la productora de Fink, pidió la cabeza del *Indio*.

A pesar de todos los pesares, la película salió de México para exhibirse en el Festival de Cannes y ocurrió lo que nadie podía creer después de los temores iniciales, y es que la cinta volvió premiada con la Palma de Oro a la mejor fotografía, además de ser aclamada y aplaudida por toda la crítica europea, deslumbrada al descubrir que más allá de los episodios que articulan la tragedia de *María Candelaria* estaba el color con que los indígenas impregnan el filme, junto a la curiosa constatación de que los indios no estaban exentos de los defectos y virtudes mundanos, como son el rencor, la perfidia, la envidia o la venganza. Este triunfo inesperado salvó la carrera del *Indio*, que ciertamente estaba en peligro.

El propio Emilio Fernández estaba convencido de que lo que pasó en México, durante el estreno de *María Candelari*, fue un intento de sabotaje de la propia industria nacional, que no estaba conforme con lo que se exhibía y porque quería atacar directamente a un director que les resultaba incómodo. «La sala estaba llena de auténticos indios de Xochimilco. Durante la producción hubo gentes que silbaron e intentaron echar a perder la película porque eran profesionales y seguramente estaban celosos. Los indios callaron aquellos pitos.»

La colaboración entre Fernández y del Río aún tiene que afianzarse y dar importantes frutos cinematográficos. Sin embargo, parece que, a partir de su primer trabajo, entre ellos surgió una discreta relación amorosa a la que Emilio hizo alusión una única vez, en 1982, durante una entrevista para la revista *Cinema-Cinema* en la que hablaba de su pasado de extra: «La estrella era Dolores del Río, la cual, tiempo después, fue mi mujer.» Por entonces, su matrimonio con Gladis llevaba tiempo fracasado y vivían separados, aunque el divorcio no quedó formalizado hasta 1945. Según parece, ya por estas fechas Dolores del Río y Emilio Fernández vivían juntos bajo el mismo techo, pero llegaban al rodaje por separado y abandonaban el trabajo en coches diferentes.

1944 será un año dedicado casi por entero a un folletín revolucionario, *Las abandonadas*, «un melodrama hecho por un hombre que vio cine y que lo recuerda bien», explica Paco Ignacio Taibo I. Al parecer la obra es un popurrí de cuanto Fernández aprendió en Hollywood; pero sin llegar al plagio, como se ha dicho, de escenas de *La mujer X* (1954), de Julián Soler, o del personaje del general Pablo González de *La banda del automóvil gris* (1919), dirigida por Enrique Rosas.

Junto a Magdaleno y Carlos Velo, el *Indio* adaptó el argumento de la novela *Entre hermanos*, de Federico Gamboa. Fue una producción muy costosa para la época. No se escatimó en vestuario, hasta treinta vestidos luce la protagonista Dolores del Río. El trabajo fue minucioso y duraría varios meses. En noviembre, la película estaba lista para lo que iba a ser un apoteósico estreno pero, en el último momento, Felipe Gregorio Castillo, jefe del Departamento de Censura Cinematográfica, prohibió la exhibición del filme. Según el productor, Salvador Elizondo, fue porque en la cinta aparecía un general revolucionario con un águila en el bombín, tal como lo lucía el entonces presidente Manuel Ávila Camacho: «Había que esperar a que terminara su sexenio para poder visionar la película.» Pero no fue así, el estreno se produjo en 1945 y el gobierno de Camacho no terminó hasta 1946. Es justo reproducir la versión que dio el propio censor Castillo a la revista *Cinema Reporter* el 9 de diciembre de 1944: «Ante las escenas duras que tiene el filme sugerí que debiera ponerse a *Las abandonadas* un subtítulo así: "El México turbulento de 1914". [...] Mi autorización se basaba, precisamente, en tal subtítulo a poner.» Se ve que el *Indio* consideró conveniente ignorar esta sugerencia.

El escándalo publicitará la película mejor que cualquier otra campaña propagandística, haciendo que resulte un gran éxito de taquilla.

En 1946 se entregaron los primeros premios al cine nacional concedidos por la recién fundada Academia Mexicana de Ciencias y Artes Cinematográficas. *Las abandonadas* estuvo nominada como mejor película, compitiendo con *Crepúsculo*, de Julio Bracho, y *La barraca*, de Roberto Gavaldón, quien no sólo se llevó el Ariel en esta categoría, sino que además fue reconocido como el mejor director. Tampoco Pedro Armendáriz resultó victorioso pero, para consuelo del *Indio*, Dolores del Río sí se impuso a Anita Blanch (*La barraca*), a Esther Fernández (*Flor de durazno*) y a María Félix (*El monje blanco*), ganando el Ariel a la mejor interpretación femenina.

Capítulo IX

— Emilio Fernández, *versus* Julio Bracho —

A Emilio Fernández aún le queda un sector por conquistar, el de los intelectuales, a los que ataca fingiendo desprecio e indiferencia, pero de quienes ansía el aplauso.

Un caso muy diferente es el de Julio Bracho, que con su *Distinto amanecer*, rodado en 1943, representaba el modelo loado por los doctos, que veían en él al director con vocación, constante y tenaz, amante del teatro. Ignoraba Fernández que, sin embargo, era de él de quien esperaban cosas brillantes y de gran sentido cinematográfico.

La dirección inteligente de Fernández y el arte refinado de Figueroa volverán a combinarse, pero esta vez el *Indio* se adentrará por senderos ajenos para conquistar a los admiradores de Bracho. Cambió su pose estereotipada de la encarnación del machismo, del hombre furioso, salvaje y embrutecido, por una forzada e insostenible actitud de erudición académica. El *Indio* no era un hombre instruido como Bracho y, a pesar de su experiencia como actor, nunca podría dar esa imagen en el improvisado e imprevisto escenario de la vida real.

Cuanto más se empeñaba el *Indio* en aparentar ser como Bracho, más evidentes eran sus diferencias. El periodista Edmundo Báez les tildaba de «el blanco, culto y frío, y el indio, inculto e intuitivo».

Por si las cosas no estuvieran demasiado tirantes, el rodaje de su nueva película, *Bugambilia*, empezó en condiciones un tanto em-

43

barazosas. El guionista Mauricio Magdaleno recordaba que: «Emilio estaba peleado con Dolores y le decía: *Pregúntele al señor Magdaleno cómo tiene que hablar usted.* Y ella me decía: *Dígale al señor Fernández qué es lo que quiere.* Ésa sí que fue una película difícil, artificiosísima.» De hecho, a pesar de ser la más costosa y de contar con un vestuario excepcional que reproducía perfectamente la sociedad del siglo XIX en una ciudad colonial, fue el filme menos aplaudido de los realizados por la brigada que estaba dando otro significado al cine nacional.

Desgraciadamente *Bugambilia* fue la excusa perfecta para concluir con las tensiones que torturaban a varios miembros del equipo y disolver así su efectiva y célebre sociedad que tantos día de gloria dio al cine mexicano. El *Indio,* Figueroa, Magdaleno, Dolores del Río y Pedro Armendáriz no volverían a trabajar juntos hasta 1949, excepto en un proyecto ajeno, destinado a Hollywood, en 1946.

Su enfrentamiento soterrado contra Bracho le dejó exhausto y su personalidad nacionalista brotó con más intensidad que nunca. Pero no por ello distrajo su atención de la conquista de la aprobación de los intelectuales. Aún no quiso recurrir al indigenismo y, renunciando a sus principios de hacer un cine cien por cien mexicano, aceptó la idea de Mauricio Magdaleno para llevar a la pantalla la historia de *Pepita Jiménez*, en una adaptación cinematográfica de la popular novela escrita por el cordobés Juan Valera.

El director llamó al fotógrafo Alex Phillips y sustituyó a Dolores del Río por Rosita Jiménez, y a Pedro Armendáriz por Ricardo Montalbán… y, contra todo pronóstico, la difícil trama amorosa surgida entre Luis y Pepita, y ambientada en la Andalucía goyesca del siglo XIX, agradó por igual a la crítica y al público.

Pero durante el rodaje de Pepita Jiménez pasará inadvertido un hecho fundamental en la vida del *Indio*. Entre los extras se encontraba una muchacha que a partir de entonces se tornará soberana absoluta del corazón del director, su nombre era Columba Domínguez y Emilio se convirtió en el mecenas de la joven, ya que según explicaría ella más tarde: «Me puso maestros de todo. Estuve en Bellas Artes, en el Ballet Nacional de México, y tomaba clases con Federico Castro. Mi maestra de danza clásica fue Ana Mérida. Practiqué equitación con Alicia Mariles y esgrima con Haro Oliva. Además estudié francés, inglés, italiano, filosofía, historia del mundo, y estuve en la escuela de pintura La Esmeralda durante tres años.»

Como no quería perder de vista a la bella Columba, Emilio vuelve a ofrecerle un papel secundario en su nueva película, *La perla*, filmada en 1945. Este filme es una adaptación de la obra homónima del Premio Nobel de Literatura John Steinbeck. En este filme, el director regresa a su añorada actitud de protesta, denunciando la codicia y la opresión del fuerte sobre el débil, pero cuando llega el momento de rodar una impactante secuencia en la que los protagonistas, Pedro Armendáriz y María Elena Marqués, se meten en las fangosas aguas de la laguna de Puerto Marqués en Acapulco, el imprudente director se hace acompañar a la bahía por Columba, cuando toda la prensa y miembros de la farándula eran conscientes de la relación que mantenía con su actriz principal. Columba no tardó en enterarse y, furiosa, quiso huir, pero Emilio consiguió retenerla. No hay datos certeros pero se llegó a hablar de una boda y un divorcio entre ellos. Lo que sí es un hecho cierto fue el nacimiento de su hija Jacaranda en 1951.

En la entrega de los premios Ariel de 1948, *La perla* fue la gran vencedora de la gala, consiguiendo cinco galardones, destinados a la mejor película, mejor dirección, mejor fotografía (Gabriel Figueroa), mejor actuación masculina estelar y mejor papel masculino de cuadro (Juan García). La obra también estuvo nominada por la actuación femenina de María Elena Marqués, por la música y por la edición y adaptación. Además, en el Festival de Venecia de 1947, *La perla* ganó la condecoración a la mejor fotografía y obtuvo una mención por la «mejor contribución al progreso cinematográfico». En 1949 también recibió el premio que otorgan los Corresponsales Extranjeros en Hollywood.

Emilio, volviendo a sus ideales, inesperadamente consigue lo que más ansía. Estas palabras del crítico Emilio García Riera dan buena muestra de ello: «La intelectualidad mexicana, así como los sectores más progresistas del país, cierran filas en torno al realizador y lo proclaman campeón del cine al que cabe aspirar.»

Capítulo X

E STAMOS a punto de presenciar uno de los más importantes hitos de la historia del celuloide nacional. En julio de 1946 empezó el rodaje de *Enamorada*, con la estelar y cotizada María Félix en el papel protagonista. Es tal el efecto que le causa la belleza de la actriz que Fernández llegó a declarar: «Siempre he mirado a mis hijas sin intenciones eróticas; sin embargo, si María Félix hubiera sido mi hija, no se hubiera ido viva del corral.» María se le impuso, era tan fuerte y dominante como él y por eso el historiador E. García Riera señaló que «el *Indio* sentía en carne propia el dolor del enamorado Armendáriz [su pareja protagonista en el filme], tan macho, tan bragado, pero tan desvalido ante el rechazo de la hembra».

No debe sorprendernos demasiado esta irreflexiva declaración del *Indio* sobre el incesto, ya que según algunos expertos es otro de sus temas repetidamente insinuados en sus películas, dotándolas a menudo de protagonistas huérfanas de madre, cuyos padres o padrastros se oponen irracional y ferozmente a sus enamoramientos. Sucederá en *Una cita de amor* en 1956, y anteriormente en *Cuando levanta la niebla*, 1952, aunque en esta ocasión la transgresión se producirá entre hermanos.

No es el caso de *Enamorada*, una película que, sin pretenderlo, iba a resultar una versión a caballo entre *La fierecilla domada*, de William Shakespeare, y *El conde de Lucanor*, del Infante Juan Manuel, pero ambientada en los hermosos parajes de Cholula y enmarcada en el romanticismo violento de su director. Varios de los trescientos sesenta y cinco templos que colman esta población del estado de Puebla adornaron la cinta, dando muestra del esplendor del barroco colonial.

A pesar del sorprendente tono de comedia con el que se estrena el director, rompiendo con el habitual hieratismo de los héroes revolucionarios, la cinta está considerada una de las mejores de la historia del cine de habla hispana. Se presentó en todas las pantallas internacionales pregonando la belleza y el estilo del cine azteca y de sus rostros, y Europa quedó rendida a sus pies.

La edición de los premios Ariel de 1947 se saldó con una nueva y arrolladora victoria de un trabajo de Emilio Fernández. La obra ganó las nominaciones a la mejor película, mejor dirección, mejor fotografía, mejor actuación estelar femenina, mejor papel incidental masculino, mejor edición, mejor sonido y mejor trabajo de laboratorio. No obstante, se perdieron dos significativos galardones que se clavaron como espinas en el corazón del director: el de mejor actor, concedido a David Silva por su participación en *Campeón sin corona*, de Alejandro Galindo, y el de película más mexicana, también concedido al filme de Galindo.

El éxito y la fama internacional tentarán a Fernández, que dos años más tarde, en 1949, probará suerte con una nueva versión hollywoodiense de *Enamorada*, bajo el título de *The Torch*. Aunque Pedro Armendáriz repitió su papel, la protagonista femenina tuvo que ser Paulette Goddard, pues María Félix siempre se negó a trabajar para el cine estadounidense, argumentando que «no quise trabajar para el cine norteamericano porque nunca me ofrecieron algo que valiera la pena. Sólo querían que hiciera papeles de india, y yo no nací para llevar canastas». El resultado nada tuvo que ver con la obra original, «la Félix había logrado que Beatriz Peñafiel fuera un ser único e irrepetible dentro de la galería de personajes inolvidables del cine mexicano».

Ya hemos comentado la admiración que Emilio Fernández sentía hacia el director de origen irlandés John Ford, por eso resulta fácil imaginar cómo se sintió cuando en 1946 se le brindó la oportunidad de codirigir con él *El fugitivo*. El *Indio* llegó a declarar: «El señor John Ford nunca me saludó, y yo lo miraba como un dios. Después él llegó a considerarme como el mejor director del mundo y se hizo mi compadre.»

Ford quería para sí el equipo de trabajo que diseñara el ahora desaparecido Agustín J. Fink, y que había dado identidad y cuerpo a cine hasta entonces marginal y a la sombra de Hollywood. Era justamente lo que necesitaba para llevar al cine la novela del inglés Graham Greene *El poder y la gloria*, pero encontraron algunos problemas con la censura. Ford intentaba alejarse del cine de acción para investigar los vericuetos del cine religioso, pero la obra de Greene está ambientada en México y aludía a la persecución antirreligiosa de finales de los años 20, por lo que hubo que trasladar la trama a un país latinoamericano imaginario.

El *Indio* no sacó ni un solo halago de este trabajo. En el mejor de los casos se olvidaron de su participación en la película que, tras decepcionar al público y a la crítica, parecía haber sido concebida únicamente para gozo y disfrute de John Ford, como confirmaría sin ningún tapujo el director al declarar: «Hice lo que quise y conseguí aquello que me propuse. Es una de mis películas favoritas. Yo diría que es, incluso, perfecta. Pero los críticos de la época no estuvieron de acuerdo conmigo. Tampoco atrajo al gran público. Pero resulta curioso que haya muchos detalles que luego copiaron en otras películas y en programas de televisión. El blanco y negro era muy bueno; teníamos un fotógrafo muy bueno: Figueroa. Además trabajábamos esperando la luz adecuada.»

Afortunadamente, en 1947 Emilio Fernández iba a enmendar todos los errores que le atribuía la crítica, haciendo lo mejor que sabe hacer, un melodrama indigenista, donde poder evidenciar su amor por el paisaje mexicano, y patriótico, que ayudara a enmendar la viciada conciencia social. *Río Escondido* se convirtió en el filme que mejor revela los ideales del *Indio*. El dolor y la esperanza del pueblo mexicano de *Río Escondido* representaban el dolor y la esperanza del autor.

Dado su éxito con *Enamorada*, Fernández acudió a María Félix para que encarnara a una maestra enfermiza, destinada por el presidente de la República para instruir un pueblo asolado por la tiranía de un cacique que tiene por amante a la anterior maestra; en este caso, interpretada por Columba Domínguez. Éste es el debut de la compañera del *Indio* en un papel con un cierto protagonismo.

Aunque algunos sectores de la crítica mexicana acusaron al director de deteriorar el discurso narrativo del filme en beneficio de los manifiestos ideológicos, por ejemplo André Camp recogía en *La Revue du Cinema* el siguiente comentario de la película: «La grandilocuencia ahoga los sentimientos. La exaltación de la patria y la preocupación por educar al pueblo para que tome conciencia de sí mismo se convierten en preocupaciones demasiado constantes que el argumento, débil, no justifica.» Y hasta el historiador Emilio García Riera ahonda aún más en esta opinión al escribir: «Con una buena dosis de inconsciencia, el *Indio* Fernández interpreta las esperanzas de una izquierda a la que el estalinismo había alejado de la dialéctica. *Río Escondido* no cuenta en realidad una historia de contradicciones y enfrentamientos: la cinta es una simple sucesión de situaciones resueltas y juzgadas de antemano conforme a las ideas que la izquierda tenía sobre el papel "positivo" de la burguesía nacional representada por el presidente Alemán. [...] Los geniales maestros del cine mexicano muestran con realismo un episodio de la vida del pueblo de México, sus sufrimientos y esperanzas, los rasgos originales de su vida y su voluntad de lucha. Esta película, lo mismo que otras producciones del arte mexicano, refleja las sublimes ideas del amor a la patria y del humanismo.»

La película fue premiada por la Academia de Ciencias y Artes Cinematográficas como la mejor del año, y a su protagonista, María Félix, le concedieron el Ariel a la mejor interpretación femenina. Además, en el Festival de Karlovy Vary, en Checoslovaquia, galardonaron la fotografía de Figueroa, que también recibió otros galardones menores en países del Este de Europa y en España.

Capítulo XI

— Atisbos de declive —

P ERO *Río Escondido* fue mucho más, marcó el fin del ingenio del *Indio*, que a partir de ahora comenzaría la lenta y agónica muerte de su cine. El primer síntoma fue *Maclovia* (1947). El *Indio* se repite hasta la saciedad; esta nueva interpretación de *Janitzio* y *María Candelaria* resulta cansina y sólo sirve para promocionar a Columba Rodríguez, ganadora del premio Ariel por la mejor interpretación secundaria femenina, y para lucir la descomunal belleza de la última actriz emblema del director, María Félix, que, dicho sea de paso, está forzada en un papel que requería de una personalidad con más candor para no aparentar ser la efigie de una diosa.

Maclovia tuvo más éxito en el extranjero que en el país en el que se había realizado, probablemente porque los espectadores extranjeros estaban poco habituados al mural indígena de Emilio, lo que les permitió dejarse sorprender por la siempre bella fotografía de Figueroa. Pero hasta el trabajo de éste tuvo sus pegas. Algunos críticos se molestaron por el abuso de perfección, lo que provoca que «el espectador quiera gritar: ¡Esperad un momento, no cambiéis el cuadro! Y eso, posiblemente, está en pugna con la ley inmutable del cine, de la dinámica continua y del cambio obligatorio de los motivos rítmicos». «La fotogenia congela totalmente el relato, que es el mismo de *María Candelaria,* el mismo de *Janitzio.* [...] Los amantes indios, representantes canónicos de su raza ya no son seres humanos, son monumentos.»

51

«Espérense, ahora voy a dejar de lado las nubes y haré una película que sea el alma de nuestra ciudad de México.» Emilio se adentra sin convicción en el submundo del cabaret con *Salón México* (1948), a pesar de lo cual obtuvo un buen éxito en taquilla. Es la primera vez que aborda un tema urbano y no se siente cómodo, a pesar de la autenticidad que reflejan sus imágenes. Repetirá la experiencia en 1950 con *Víctimas del pecado*, pero según un amplio sector de la crítica ambas cintas quedarán relegadas a una categoría muy inferior a la de sus melodramas campestres habituales. Sin embargo, algunos críticos revisionistas y buena parte del público discrepan de esta opinión. Tomás Pérez Turrent cree que «por encima, incluso, de su cine indigenista están los dos grandes melodramas que ha hecho: *Salón México* y *Víctimas del pecado*. Él piensa que el melodrama es un género menor, pero llamar melodrama a estas dos películas no es establecer un juicio de valor. Creo que son muy buenas películas y que representan lo mejor del *Indio*, lo más sincero. Creo que en ellas está más auténticamente el *«Indio»* que en el resto de su obra». El resto de la crítica, en general, estaba un tanto desconcertada: «Es una experiencia nueva», «... resultó una sinfonía de páginas policíacas»; y la Academia Mexicana de Ciencias y Artes Cinematográficas sería de opinión contraria al filme, pues sólo le galardonó con un Ariel y fue para Marga López, por su interpretación en el papel protagonista.

«Estoy convencido de que cuando un director quiere puede sacar tanto provecho de una gran estrella como de un extra, con la ventaja de que la artista no formada es más dócil y puede ser moldeada al gusto del director», así se expresaría el *Indio* en relación a *Pueblerina* (1948), una económica producción que dejó de lado a todos los astros consolidados del cine para permitir el estreno de su pareja Columba Domínguez como actriz principal y asegurar que no fuera eclipsada por ninguna otra.

Mauricio Magdaleno dijo que «*Pueblerina* fue nuestra mejor película. La mejor de todas, la más bella, la más querida por mí». Lo cierto es que dada la escasez de medios de los que los productores dotaron al equipo técnico, no podía haber salido un producto mejor. Un argumento de extrema sencillez, con un mínimo afán plás-

tico y buenas interpretaciones de nuevos rostros. La industria estaba harta de melodramas indígenas y no querían invertir en exceso
en más películas de este tipo. Pero ninguna de estas circunstancias
afectó a la actuación del apuesto Roberto Cañedo, que ganó el Ariel
de la edición correspondiente; ni desmereció la adaptación del guión,
también galardonada. Por supuesto, Figueroa demostró que el talento de un buen fotógrafo se pone de manifiesto cuando no hay
recursos, y también se llevó el premio Ariel de su categoría.

El siguiente paso en la carrera de su amada era coronarla entre
los más grandes, cosa que le permitía la siguiente propuesta de
Magdaleno, la obra del dramaturgo español Jacinto Benavente, *La
Malquerida*. La trama gira en torno a tres personajes que encarna-
rán Dolores del Río, Pedro Armendáriz y Columba. El reto era ele-
vado, pues no era fácil tipificar de mexicanismo una obra netamente
castellana. Los diálogos revestían mucha dificultad, pero la puesta
en escena era de una espectacularidad tal que merecía la pena es-
forzarse por adaptarlos. La fotografía de Figueroa se centraría en la
expresividad de los hermosos rostros protagonistas, adornados de
vistosos ropajes y envueltos en una música siniestra.

El resultado fue de lo más satisfactorio, tanto que ni el propio
Benavente parecía reconocer su argumento. Magdaleno explicó que
la obra «salió totalmente distinta, al punto que el dramaturgo le dijo
a Cabrera [el productor] que la cinta no la reconocía ni el Cristo
que la parió, pero que era un buen filme». Seguramente quedó ali-
viado pues, aunque en tono jocoso y jamás ofensivo, Benavente había escrito que había tenido que cobrar por «daños y perjuicios» al
consentir que se sacrificara lo castizo de su obra para ser representada en México. Comentario que Fernández, carente por completo
de sentido del humor, encajó visiblemente mal, declarando: «Ni voy
a España, ni vuelvo a hacer nada español, ni quiero nada con los españoles.» «Me he equivocado y no volveré a hacer cosas españolas
que, al parecer, no entiendo, por lo que pido que me perdone la literatura hispana.» La literatura tal vez, pero los críticos de cine españoles, encendidos por la indignación del mexicano, convirtieron
a la prensa en el campo de batalla de desagradables comentarios que
se cruzaron entre ellos y el encolerizado director. El colmo fue cuan-

do Emilio Fernández llegó al clímax del delirio y con pura convicción sentenció con que si tuviera suficiente dinero pagaría todos los gastos de producción y quemaría el negativo de la película «a fin de que mi ofensa a las letras españolas no perdurara. En cuanto a echarme en cara que haya trasplantado a México el melodrama de Benavente, lo hice, entre otras razones, porque yo, en México, no puedo hacer una película española con mexicanos», algo completamente razonable por su parte.

Para terminar, quedémonos con buen sabor de boca y recordemos las hermosas palabras que dedicara a *La Malquerida* la veterana Dolores del Río: «Es la más profesional que se ha hecho en México, profesional por la armonía y perfección de todo el conjunto que tomó parte en ella: la fotografía, la música, la actuación, etc. En resumen, puede decirse que tanto el elemento artístico como el elemento técnico dejan de ser una promesa, para convertirse en una realidad plena de madurez.»

Ha llegado el momento de poner un apresurado final a la década y Emilio se involucra superficialmente en *Duelo en las montañas*, una película que no despierta ni el interés de la crítica destructiva, y viajará a Hollywood para hacer la otra versión de *Enamorada*.

Capítulo XII

L A crisis creativa y el tedio frente al argumento revolucionario, unido a los problemas sindicales en el seno de la industria del celuloide, dieron muestras de un cine exhausto
y debilitado a más no poder.

En un intento por salir a flote, los realizadores recurrieron a temas modernos con grandes números musicales. Los productores
buscaban salidas comerciales que les ayudaran a soportar un negocio que comenzaba a dar síntomas de bancarrota, pero Emilio
Fernández seguía sin alcanzar a comprender cómo la Revolución,
esencia de su nacionalismo y sustento de su presente, había perdido interés, y en 1950 insiste una vez más con sus típicos ingredientes a través de *Un día de vida*. Inicialmente logró convencer a los
productores argumentando que sería una película «fácil y cristalina
como el agua», y que gracias a estas características alcanzaría a inte-
resar a un sector más amplio del público. El resultado fue la primera puñalada de la serie que sumiría al director en una lenta y desesperante agonía. Ni el hasta entonces imbatible equipo técnico, ni el
reparto estelar pudieron impedir el fracaso de taquilla.

La crítica tampoco se explicaba el desastre: «Resulta lamentable
ver que una película como *Un día de vida*, que muy bien puede ca-
lificarse de maravillosa, no permanezca en la pantalla del cine de estreno más de una semana, en tanto que una cinta vulgar arrastra
multitudes, y cintas procaces, con argumentos basados en sucias

canciones populares, tienen éxitos enormes en taquilla. Parece que el arte está reñido con la taquilla. Pero no es así. Lo que ocurre es que la gente decente le ha vuelto la espalda a las películas mexicanas, cansadas de ver tanta necedad y, escarmentada por los chascos que se ha llevado, piensa que todas las películas mexicanas tienen la misma pobreza moral, de gusto y de ingenio. Es doloroso ver de qué manera se pierde y queda sin estímulo el esfuerzo de los productores que se empeñan en elaborar películas meritorias, y cómo las masas responden entusiastas con aquellas que satisfacen instintos morbosos y bajas pasiones.

¿Qué no dieran estos directores populares que se jactan de aciertos de taquilla con los que pretenden poner en vergüenza a los críticos que desaprueban sus películas, por realizar una cinta como *Un día de vida*, que es una maravilla cinematográfica aquí y en cualquier parte?»

Si este extracto de *El Universal*, publicado el 2 de diciembre de 1950, les parece que difunde una opinión favorable, créanme, cualquier otra reseña publicada al respecto alaba la grandeza de esta obra. Sólo una excepción, Álvaro Custodio escribió en el *Excelsior* el 28 de noviembre de 1950: «*Un día de vida*, aunque dentro de una línea muy peculiar de Emilio Fernández, se aparta mucho en interés y autenticidad de aquellas producciones suyas.»

Al fin y al cabo sólo una cosa interesa a los productores: la recaudación; así pues el *Indio* tendrá que resignarse y experimentar nuevas vías si quiere seguir haciendo cine. En esta ocasión probará con un melodrama de cabareteras, reuniendo a varias de las grandes figuras del panorama musical de la época, como Ninón Sevilla, Toña la Negra y Pedro Vargas, en el filme *Víctimas del pecado*. Seguimos en 1950, y Emilio Fernández declaró durante una entrevista realizada por el periodista Octavio Alba. «Lo que estoy dirigiendo ahora es un largo documental. Se trata de una película costumbrista. Un extenso reportaje sobre los bajos fondos mexicanos. *Salón México* ya apuntó ese tema. Ahora lo estoy desarrollando con todo detalle.»

De nuevo, la crítica no resultó defraudada pero la película apenas se mantuvo dos semanas en las salas cinematográficas.

Islas Marías fue el tercer intento del año. Baste señalar que el director contó con la participación del galán Pedro Infante para ver si así conseguía tener beneficios. Pero esta vez ni siquiera la crítica tuvo elogios para con su realizador emblema, molesta porque el filme parecía dividido en dos partes carentes de vínculo entre sí, como si cada una hubiera sido dirigida por un individuo diferente.

Más tarde llegó *Siempre tuya* también realizada en 1950, que supuso la primera colaboración entre el *Indio* y Jorge Negrete, el «charro cantor». Se trataba de una pobre adaptación del poema *Suave patria*, que había escrito Ramón López Velarde, pero que tampoco convenció a nadie.

Concluido este desenfrenado y productivo año de desatinos, Emilio ya no se resiste a las pretensiones de los productores y participa con plena conciencia de lo que a *priori* sabe resultarán «churros» comerciales. En 1951 filma una obra romántica, *La bien amada*; una comedia, *Acapulco*; y una película de trama costera, *El mar y tú*. A pesar de los fracasos de taquilla y de las acogidas poco favorables de los críticos, desde algunos sectores de la prensa intentaron animar al director con artículos de este estilo: «Causa pena evidenciar que cada día que pasa va quedando más distante la época en la que resplandeció el genio de Emilio Fernández. Las tres películas que nos ha ofrecido en lo que va de año han constituido otras tantas decepciones, sin que por eso se pueda afirmar de forma categórica que sean malas. Lo que sucede es que el *Indio* está obligado, si no a superarse, cuanto menos a mantenerse en el mismo nivel que le impuso su obra de seis años fructíferos; como abanderado del nacionalismo cinematográfico, no debe permitir que la desorientación empañe su carrera triunfal.» Y, sin embargo, más desorientado que nunca, Emilio emprende el año 1952 dirigiendo películas en cuyo argumento ni siquiera interviene, hecho sin precedentes desde los albores de su carrera cuando ya trabajaba en las tramas junto al leal Mauricio Magdaleno. Sucede con el drama urbano *Cuando levanta la niebla*, una historia de Íñigo de Martino y Adolfo Torres Portillo. La obra también se exhibió en Europa, donde fue interpretada como un «melodrama muy mexicano».

En 1953 con *La red* ya se aprecia un fugaz rayo de esperanza para el *Indio*. Este título le permitía, por fin, volver a expresar sus arraigadas inquietudes. Para elaborar la trama vuelve a reunirse con Mauricio Magdaleno. Los ingredientes son, como en otras ocasiones, bajas pasiones, celos, amistad, machos, tiros, deseo, venganza y dramatismo romántico. La película fue estrenada y premiada en el Festival de Cannes, como película mejor contada en imágenes; gracias a lo cual y a pesar de la negatividad de la crítica, en México tuvo buena acogida entre el público y generó una buena recaudación. Sin embargo, cuando un producto no es bueno, el globo se deshincha rápido. En dos semanas, la cinta estaba fuera de cartel. Se había corrido la voz de su gran fallo: el filme era lento, monótono y estaba recargado de belleza paisajística. «La red lleva a un extremo límite el estilo de Emilio Fernández y en ello reside tanto su grandeza cuanto su debilidad», decían los críticos; cuando lo cierto es que hubo que llenar, nada más y nada menos, que veinte minutos con olas, lunas, playas y redes, pues la trama se había quedado demasiado corta. «Han pasado más de cinco minutos de película, cuando se oyen los primeros diálogos», notó el experto en cine Emilio García Riera.

El entonces presidente de la Asociación de Críticos Cinematográficos de México, Jorge Vidal, puso en marcha una idea para recaudar fondos para que la Asociación pudiera salir de la bancarrota en la que se encontraba. La operación consistía en reunir a los rostros más prestigiosos y populares del cine nacional en un único filme, una especie de *collage* de historias sociales que se cruzan entre sí a través de una excusa periodística, dirigido por el que aún conservaba al menos el prestigio de haber sido el mejor director mexicano, Emilio Fernández. En él participaron todas las estrellas aztecas de forma gratuita, a excepción de Mario Moreno *Cantinflas,* que se negó a trabajar gratis.

La mayor importancia del siguiente trabajo del *Indio* reside en que fue la última película protagonizada por el galán Jorge Negrete, condenado a muerte por una grave dolencia hepática que degeneró en una cirrosis vírica, destrozándole el hígado. Nos referimos a *El rapto* (1953), una comedia ranchera que arrancó comentarios del tipo: «Todo lo que Emilio Fernández supo hacer en el cine, se le ha olvidado.»

El *Indio* empieza considerar muy seriamente salir a trabajar al extranjero, donde aún tiene una elevada reputación. Apenas se supieron sus intenciones, la prensa se cebó con la noticia: «Ojalá le vaya bien por aquellas tierras, aquí para nada lo queremos y sería bueno que se tardara un poco en regresar.»

Capítulo XIII

— El exilio —

E s necesario poner tierra de por medio y dejar que se enfríen los ánimos. El primer proyecto que se materializa fuera del territorio azteca es en Cuba. *La rosa blanca* o *Momentos en la vida de Martí* (1953) refería algunos pasajes de la vida de este escritor cubano al servicio de la independencia de su país, motivo por el que se vio obligado a sufrir el exilio. El protagonista, en su madurez, fue encarnado por Roberto Cañedo, cosa que molestó profundamente a los críticos cubanos, como Fausto Canel, quien dijo de Cañedo: «[...] actor mexicano sin ninguna relación física o espiritual con la personalidad poderosa del Apóstol de la Independencia».

El rodaje del que iba a ser su siguiente filme, *La rebelión de los colgados* (1953), no pasó de lo meramente anecdótico. Emilio y Figueroa fueron contratados por el productor José Khon, que, impacientándose por el ritmo del minucioso trabajo de los veteranos cineastas, apremió al *Indio* para que fuera más deprisa. Éste, incapaz de comprender la obsesión del ahorro que compartían todos los productores, defendió coléricamente su *modus operandis*, por lo que fue despedido y sustituido por el alemán Alfredo B. Crevenna. Según Taibo, «la novela de B. Traven se convirtió con Crevenna en algo que Emilio jamás hubiera hecho: un despliegue de sadismo y brutalidad».

Un año más tarde, en 1954, Fernández, en su peregrinaje internacional, encontró una clamorosa acogida entre los productores españoles, que le ofrecieron dirigir un drama campesino, titulado *Nosotros dos*. En principio se pretendía trasladar el argumento de *La red* al marco de la meseta castellana. El respeto con el que le trataron los hispanos no podía hacer prever la crudeza con la que la crítica atacaría la cinta. Hay que decir que las quejas manifiestas por los expertos rebosan lógica. Pedro Amalio López da su versión de lo sucedido: «Los dislates se acumulan de tal forma que, sinceramente, no sabríamos por dónde empezar. En el relato de este drama rural castellano, con unos personajes absurdos [...] se acumulan una serie de incidencias que pretenden ser tremendistas y que ni lo son por sí mismas, ni pueden serlo con un guión entrecortado, anárquico y sin continuidad.

[...] Los descomunales errores de ambientación, y la total anarquía de la película, en la que argumento, planificación, montaje e interpretación marchan cada uno por su lado, nos hacen pensar si el *Indio* se habrá tomado su trabajo en serio.»

Visto lo visto, el director mexicano hubo de esperar la llamada de un nuevo destino. En este caso la oferta de trabajo llegó de Argentina. Fernández y Figueroa se desplazan al sur del país para filmar *La Tierra de Fuego se apaga* (1955). Como ya le sucediera en Cuba y en España, el resultado final de la obra planteó problemas de «continuidad y coherencia narrativa», causa del natural desarraigo costumbrista del *Indio* en dichas ocasiones.

Capítulo XIV

— «Por fin he regresado de una larga pesadilla» —

C ON estas palabras atravesaba Emilio Fernández el umbral de su
casa a su regreso a México. Había solicitado a los productores que le concedieran dos películas anuales. La propuesta
parecía prosperar: para 1956 se le designaron *Una cita de amor* y *El
impostor*. Pero hacía tiempo que el *Indio* había perdido su buena estrella, pues ambos estrenos fueron largamente postergados por los
censores, lo que mantuvo a Emilio aún más tiempo alejado de las
carteleras.

Una cita de amor aparece como una adaptación de la novela *El
niño de la bola*, de Pedro Antonio de Alarcón, aunque, inexplica-
blemente, el propio Mauricio Magdaleno declararía después que
para escribir el argumento del filme se inspiró en un título venezolano, *Bramadero o el hijo del amo*. El caso es que la cinta está en-
vuelta en un ambiente trágico logrado gracias al especial énfasis que
se da a los contrastes y contraluces plásticos.

«*Una cita de amor* puede ser vista, quizá, como la última película decente del *Indio* Fernández. [...] *El Impostor* pasaría muy inad-
vertida.» El filme se basa en la acalorada obra teatral *El gesticulador*,
de Rudolfo Usigli, que, por tratar sobre la vida de un general revolucionario impostor, desató una verdadera batalla campal entre un
público entusiasta y la censura, molesta por el trato que se daba a la
alta esfera de la milicia. Igual suerte corrió la versión cinematográfica de Fernández, que tardó cuatro años en ver la luz.

A pesar de una estudiada campaña publicitaria, apoyada en la promesa de descubrir la identidad real del general charlatán, la película duró una semana en cartel.

Como dato anecdótico sobre este trabajo, se debe señalar que será la última vez que Emilio dirija a una de sus figuras principales, Pedro Armendáriz, fallecido en 1963, como se ha comentado anteriormente, de un disparo en corazón que él mismo ejecutó al notificarle que tenía un cáncer en situación terminal.

Han pasado cinco años desde la última película que dirigiera Emilio Fernández. Los productores ya no le conceden más oportunidades y se ha visto relegado al punto de partida de sus comienzos, ha vuelto a trabajar como actor de segunda fila, sometiéndose a la dirección de otros cuya capacidad considera muy inferior a la suya.

Años de rumores en los que se hablaba de los trabajos que el *Indio* proyectaba y que nunca llegaban a materializarse. Años en los que su cine de México quedaba relegado a la historia, a los archivos de la filmoteca, sección «glorias del cine nacional», y a la mente de viejos románticos.

En 1961 se le presenta una nueva oportunidad de tomar las riendas de un filme importante, con un reparto encabezado por grandes y consolidadas estrellas como Columba Domínguez, María Elena Marqués, Fernando Soler y Lilia Prado. La cinta será presentada en el Festival de Cine Español de San Sebastián de 1962, ganando el premio al mejor actor y la Perla del Cantábrico. Este triunfo, verdaderamente significativo para el cine nacional que desde hace años se ahoga en una profunda crisis, no bastó para devolver al *Indio* a su privilegiada posición de antaño.

A pesar de permanecer en los cines mexicanos hasta cinco semanas, no logró el beneplácito de la crítica que coincidía en señalar que el director estaba «pasado de moda», un comentario que le dejó inmerso en una tajante impotencia.

No obstante, Fernández, persistente, a finales de 1962 viaja a Guatemala para enfrentarse a un nuevo reto, *Paloma herida*. Aparte de ser la última película en blanco y negro dirigida por Emilio y su última colaboración con su ex mujer Columba Domínguez, lo más significativo de este trabajo es que en los créditos se atribuye la adaptación de este nuevo argumento del director al célebre escritor Juan Rulfo. La ausencia total de elementos típicos del autor de *Martín Fierro* y *El bosque en llamas* hizo despertar las dudas sobre su participación en la película. Paco Ignacio Taibo comentó con Rulfo sus dudas y éste le dijo que «habían sido unos días muy especiales, muy interesantes». Sin embargo, Taibo también hace constar que «Juan José Aureolá, el singular conversador y excelente escritor, parece haber señalado que la colaboración de Rulfo en la película estuvo más bien basada en la plática y en la copa».

Paloma herida es otra descarga sobre el caciquismo y la explotación indígena, que supuso un nuevo retroceso para el prestigio de Fernández, cada vez más dañado por aferrarse a unas ideas obsoletas que ya a nadie satisfacen. «Lo sentimos mucho, pero hay que decirlo: El *Indio* Fernández, empeñándose en hacer cine a su viejo estilo, ha conseguido no sólo estacionarse, sino caminar hacia atrás. Con *Paloma herida* cae en el terreno del humorismo involuntario.» En esta ocasión, sólo Adela Fernández pudo romper una lanza a favor de su padre: «Al finalizar una proyección de *Paloma herida* se suscitó una alharaca en la que destacaba la burla y la convicción de que el *Indio* transmitía su propia decrepitud a una supuesta decadencia cultural en su grupo indígena mayance de Guatemala. El hecho de que Cuco Sánchez, al que todos conocen como compositor y cantor de música ranchera, representara a un indígena guatemalteco, provocó risas sueltas; y más irrisorio fue verlo bailar *twist* al ritmo de una sinfonola. Lo crítico de la imagen como denuncia de la presentación modernista y dizque civilizatoria, se vio como una manifestación grotesca del creador cineasta como si fuera él quien hubiera perdido sus virtudes artísticas y no el pueblo sus formas culturales.

El antropólogo Félix Báez Jorge, diez años después de que se estrenara *Paloma herida*, dice haber visto en la zona adyacente a Huehuetenango a unos indígenas ofrendando a un ídolo de piedra mientras oían en una radio de pilas una balada rock cantada por Benny Ibarra. *Entonces supe* —comentaba con asombro— *que el Emilio Fernández de* Paloma herida *era un visionario. Su película no es otra cosa más que un duelo por el etnocidio cultural.*»

La réplica del propio Fernández a los improperios de la crítica fue: «El cine ha degenerado. Está en manos de mercenarios y comerciantes. Piensan sólo en la manera más fácil de ganar dinero, y el medio más rico de expansión que se conoce se está pudriendo. Lo más triste del caso es que los gobiernos del mundo no se dan cuenta de su responsabilidad para con este medio de expresión que tanto puede beneficiar a los pueblos.»

Transcurrieron tres desesperanzadores años hasta que Emilio tuvo una nueva oportunidad como realizador. Circunstancia, cómo no, que aprovechó para reafirmar sus convicciones y recordar al público la grandeza del patriotismo revolucionario. Nostálgica y justa ocasión para evocar a su admirado Pancho Villa, gracias a una historia que él mismo escribió y que además protagonizó.

Pero Emilio había agotado todos sus recursos y tampoco este filme le sirvió para volver a reflotar su carrera de director. Aun así él intentaba aparecer tan firme y seguro de sus ideas como de costumbre y retaba a los productores: «Denme un solo verso de Lorca y yo hago una película. Puede que lo que voy a decir pueda parecer pedante, pero creo sinceramente que nada de lo que he realizado significa algo junto a lo que ahora voy a hacer.»

Aún quedaba algún incauto que confiaba en su potencial y en 1968 la compañía Centauro, S. A. le contrató para realizar *El crepúsculo de un dios*, otro trabajo basado en un argumento propio que, dicho sea de paso, sufrió continuos e improvisados cambios durante el rodaje. Finalmente, unas palabras de aliento: «la fotografía (de Raúl Martínez Solares) es excelente y contribuye a que el público guste de la película y la considere un acierto del cine nacional», escribía optimista Alfonso de Icaza. A pesar de tan buenos augurios y del estreno masivo del filme, en doce salas simultáneamente, una vez más Fernández tuvo que soportar que el público le volviera la espalda.

Durante la década de los 70 se produce el vertiginoso e imparable descalabro final. Todo cuanto Emilio hubo construido a su alrededor se ha derrumbado. Él mismo declara: «Todos los que vivieron a mi alrededor ahora me huyen.» Es como si se hubiera convertido en el principal enemigo de su prestigio. Su sola presencia mancilla el recuerdo de la gloria que fue. Tras cinco años sin dirigir una película, en 1973 retoma el timón en *La Choca*. El rodaje de este filme estuvo colmado de no pocos inconvenientes, entre ellos, el más serio, la crecida del río Tonto, que inundó el campamento del equipo, asentado en Santa Sofía, cerca de Tuxtepec, Oaxaca. Las pérdidas materiales fueron considerables, pero el *Indio*, sumamente concentrado en el éxito de su trabajo, no perdió la calma. El resultado final fue sumamente admirado en el extranjero. La cinta ganó el premio a la mejor dirección en el festival checo de Karlovy Vary y obtuvo una buena recaudación entre el público de habla hispana en Nueva York. Además, en la edición de 1975, recibió el Ariel de Plata por como mejor película, mejor dirección, mejor actuación femenina, mejor coactuación femenina, mejor fotografía y mejor edición.

Gracias a este éxito, en 1975, cuando Emilio Fernández ya había cumplido sesenta años, pudo rodar la que sería su última dirección, *Zona roja*. La realización de este filme escondía un éxito ya logrado, pues habían pasado ocho años desde que el *Indio* viera frustrados todos sus intentos por llevar a cabo este proyecto.

Pero este melodrama de prostíbulo tampoco fue bien recibido por la crítica y no tuvo ninguna proyección internacional. Fernández dijo que si su película hubiera ido a representar a México en los festivales de cine extranjeros hubiera logrado algún éxito. «A mí se me respeta, se me conoce y se me quiere en muchos países», es la declaración de un hombre con todas sus esperanzas hechas añicos, que prefiere el ridículo o la muerte antes que mostrarse derrotado.

Capítulo XV

— El amigo americano (a las órdenes de Sam Peckinpah) —

DESDE principios de los años 60, Emilio Fernández se convirtió en una presencia habitual en las producciones norteamericanas rodadas en México. En 1964 abrió el fuego su pequeño papel como truculento dueño de un mugriento garito en *La noche de la iguana* (*Night of the iguana*), bajo la dirección de John Huston, y le siguieron otras colaboraciones como intérprete, especialmente de *westerns* y en títulos como *El regreso de los siete magníficos* (*Return of the seven magnificients,* en 1965) y *Ataque al carro blindado* (*The war wagon,* en 1967), ambos filmes dirigidos por Burt Kennedy.

En todas esas películas, Fernández encarnó personajes violentos y desaforados, bebedores y camorristas. Una amplia y, por qué no, tópica galería de villanos que acababan contagiados de la exuberante y arrolladora personalidad de este singular actor y director.

Pero, sin lugar a dudas, ninguna de las colaboraciones que realizó a las órdenes de los directores norteamericanos que se decidían a cruzar la frontera de Río Grande fue tan jugosa como la que mantuvo con el inclasificable e indómito Sam Peckinpah; una colaboración profesional que dio además lugar al nacimiento de una sincera y sólida amistad entre los dos hombres. Algo que no es de extrañar si tenemos en cuenta que ambos coincidían en su afición por la bebida, la juerga y las mujeres hermosas.

Peckinpah debutó como realizador cinematográfico en 1960 con el *western Deadly companions*, un filme protagonizado por Brian Keith y Maureen O'Hara, y en el que los espectadores ya pudieron apreciar, en esta su primera cinta, el gusto del realizador por los paisajes quemados y polvorientos y su pasión por retratar situaciones insólitas y teñidas de una fisicidad arrolladora; así, resulta difícil olvidar la mejor escena de este largometraje, en la que un grupo de apaches borrachos aparecen en el horizonte conduciendo una diligencia que acababan de asaltar.

Antes de este debut Peckinpah ya había acumulado una interesante experiencia como guionista, director de telefilmes e incluso actor ocasional, donde destacó especialmente con un pequeño papel en el gran clásico de la ciencia ficción, *La invasión de los ladrones de cuerpos* (*Body snatchers*), en la versión que realizó Don Siegel en blanco y negro en 1957. Un bagaje demasiado gris y discreto que, en un principio, no hacía presagiar que nuestro hombre estaba llamado a convertirse en uno de los cineastas más decisivos del cine norteamericano de los años 60 y 70.

El descubrimiento de Peckinpah se produjo a raíz de su segundo filme, un supuesto discreto *western* de serie B titulado *Duelo en la alta sierra* (*Ride the high country*, 1961), protagonizado por dos viejas estrellas del género, ya en plena decadencia física, como eran Randolph Scott y Joel McCrea. En principio la película iba a ser tan sólo una cinta de relleno destinada a los programas dobles de las salas de cine, pero los críticos de la revista francesa *Cahiers du cinema* reivindicaron las virtudes de esta película, que la convertían en un *western* emotivo y brioso y enlazaba con lo mejor de la tradición fordiana del género para reconducirlo por caminos nuevos. Con ella nacía el llamado *western crepuscular*.

Su tercera película, *Mayor Dundee* (1964), es la crónica viva de la persecución de un grupo de guerreros apaches, por parte de un curioso ejército formado por antiguos soldados confederados, cuatreros y renegados indios, que pudo haber sido su obra maestra, pero los turbios manejos de la productora del filme, que dejó sin dinero al cineasta, impidieron que el rodaje llegara a buen término. La película pudo finalizarse gracias a que su protagonista, el gran Charlton

Heston, renunció a su sueldo, pero aun así Peckinpah perdió la posiblidad de realizar él mismo el montaje definitivo del filme, y los productores manipularon y adulteraron las intenciones primigenias del director.

Con *Mayor Dundee*, Peckinpah se ganó la fama de director difícil y polémico, y a partir de esta película su lucha contra los manejos de los ejecutivos de la industria cinematográfica fueron constantes. Esos continuos roces impidieron quizá que su filmografía fuera más extensa, pero desde luego no le rebajaron ni un ápice de intensidad. Porque el cine de este director podrá ser criticado por muchas razones, pero nadie podrá negar que su obra está formada por películas repletas de carácter, no aptas para pusilánimes ni sensibles amanerados. Precisamente otro punto de coincidencia entre el director norteamericano y el mexicano Emilio Fernández.

La colaboración entre ambos directores nace en 1969, con motivo del rodaje de *Grupo salvaje* (*Wild bunch*), la cuarta película de Sam Peckinpah y sin lugar a dudas la más mítica de toda su obra, porque gracias a ella se ganó la etiqueta de «maestro de la violencia».

La historia de la película es bien conocida. En 1913, una banda de viejos forajidos, guiados por el pistolero Pike Bishop, huyen a México mientras son perseguidos por Deke Thorton, un antiguo miembro de la banda, forzado ahora a colaborar con la ley, y un grupo de cazadores de recompensas. Bishop y sus hombres comienzan a trabajar como mercenarios para el general Mapache, un sanguinario gerifalte del ejército federal que combate contra los revolucionarios de Pancho Villa.

Bishop y sus hombres roban un tren donde el ejército norteamericano transporta un cargamento de modernas armas (entre ellas una ametralladora) para entregárselas a Mapache. Pero uno de los miembros del grupo, Ángel, mexicano y simpatizante de los revolucionarios, se queda con parte de las armas para entregárselas a sus paisanos. Mapache lo descubre y ordena torturar salvajemente a Ángel hasta la muerte. Bishop y sus hombres se enfrentan entonces contra todo el ejército del general inmolándose en una salvaje carnicería digna de la épica clásica de Homero.

El personaje de Pike Bishop estuvo magistralmente interpretado por William Holden. El que había sido (además de un gran actor) el deseado galán de filmes como *Picnic*, dirigido por Joshua Logan en 1955, y *El puente sobre el río Kwai* (*The bridge over the river Kwai*), la oscarizada obra de David Lean en 1956, y del que se decía que poseía el torso más poderoso de todo Hollywood, se encontraba cuando rodó está película en plena decadencia física. Su decrepitud, lejos de ser un hándicap para el filme, se convirtió en una virtud añadida. Pike Bishop, encarnado por el avejentado Holden, se transformó así en un personaje metafórico, un viejo dinosaurio que simbolizaba un Oeste condenado irremisiblemente a desaparecer, barrido por el empuje de los nuevos tiempos. En ese sentido resulta conmovedora la escena en la que un barrigudo Bishop bebe tequila con sus compañeros de correrías en el interior de una sauna, mientras la cámara nos permite ver las viejas cicatrices que adornan sus cuerpos.

El resto de la banda de Bishop tampoco se quedó a la zaga. El grupo de decadentes forajidos estuvo encarnado por Ernest Borgnine, Edmund O'Brien, Warren Oates y Ben Johnson. Borgnine, desde luego, ya era un rostro emblemático del *western*, ya que, como actor secundario, había interpretado a retorcidos villanos en cintas como *Veracruz*, dirigida por Robert Aldrich en 1954, y *Johnny Guitar*, realizada en 1955 por Nicholas Ray, aunque paradójicamente en 1954 ganó el Oscar por su interpretación de un carnicero sensible y bonachón que busca el amor de su vida en la sensible película *Marty*, de Delbert Mann. En *Grupo salvaje*, Borgnine es la conciencia de sus violentos compañeros, un forajido que aún tiene principios y que prefiere permitirse el lujo de elegir para quién quiere trabajar. No entra en los burdeles y no soporta a los carniceros como Mapache.

Edmund O'Brien (cuyo personaje será el único que sobreviva a la carnicería final) era ya otro ilustre veterano del cine, recordado sobre todo por su personaje de idealista y borrachín periodista en el legendario filme *El hombre que mató a Liberty Valance* (*The man who shoot to Liberty Valance*) de John Ford. Surgido también de la cantera de Ford, tenemos a Ben Johnson, un antiguo caballista descubierto por el maestro del cine que le brindó sus primeros papeles en cintas como *La legión invencible* (*She wore a yellow ribbon*). La carrera de Johnson ha estado siempre muy ligada al género del *western*. De hecho, el actor ganaría el Oscar interpretando a una avejentado *cowboy* en la melancólica y elegíaca cinta *La última sesión* (*The last picture show*), dirigida por Peter Bogdanovich en 1972. En cuanto a Warren Oates, era un secundario especializado en papeles de villano truculento y tarado, que ya había trabajado con Peckinpah en *Duelo en la alta sierra* y *Mayor Dundee*.

Finalmente, tampoco podemos olvidar a Robert Ryan, quien encarna a Deke Thorton el antiguo miembro de la banda convertido ahora en perseguida de sus viejos compañeros de fechorías. Ryan era un actor sobrio, dotado de un físico inquietante que lució en películas tan aclamadas como *Los profesionales* (*The professionals*), a las órdenes de Richard Brooks en 1966, y *Doce del patíbulo* (*The dirty dozen*), bajo la dirección de Robert Aldrich en 1967, aunque sea en *Grupo salvaje* donde realice su interpretación, la más memorable y recordada de toda su carrera.

Y el papel del despiadado general Mapache fue, como era de esperar, para el *Indio* Fernández, quien, todo hay que decirlo, se pasa la película al completo prácticamente borracho. Su personaje era, desde luego, ideal para entregarse a todo tipo de excesos interpretativos, un militarucho de pacotilla que parece la caricatura de algunos de los tiranos surgidos de la pluma de escritores como Gabriel García Márquez y Mario Vargas Llosa. O, por qué no admitirlo, la versión más *cool* y carnavalesca del Tirano Banderas de Valle-Inclán.

Resulta casi surrealista ver a Fernández sumergido de lleno en la piel de su personaje, vestido con su desastrado uniforme, con la guerrera desabrochada y cargada de medallas mal ganadas, completamente ebrio mientras increpa a unas ancianas que transportan el cadáver de una mujer asesinada.

Peckinpah carga las tintas sobre los aspectos más patéticos y bochornosos del papel interpretado por el *Indio,* pero también le brinda un momento en el que parcialmente parece redimirse (aunque sólo sea un temporal espejismo). Durante la secuencia del enfrentamiento entre las tropas de Mapache y los hombres de Villa, Fernández arenga a sus hombres cuando se ve interrumpido por un recluta, un mocoso, un auténtico niño que viene a traerle un mensaje. El chaval se cuadra ante su general repleto de sincera admiración hacia él, y en los ojos del brutal Mapache aparece entonces un brillo de ternura (el único que mostrará en todo el filme). Conviene recordar además que ese niño será el que al final de la película acabe con la vida de Pike Bishop-William Holden de un disparo en la espalda.

También hay que señalar que Emilio Fernández no es el único director mexicano que aparece en el reparto de la película ejerciendo funciones de actor. Así, Chano Urueta, uno de los grandes veteranos del cine azteca, director de decenas de películas protagonizadas por dos grandes ídolos del cine nacional, como fueron Mario Moreno *Cantinflas* y Santo «el enmascarado de plata», aparece en la película interpretando al anciado don José, el cabecilla de los revolucionarios del pueblo donde pernoctan Bishop y sus compinches.

Y, por último, dando vida a uno de los oficiales del general Mapache podemos ver a un jovencísimo Alfonso Arau, quien, muchos años después, en 1992, sería el director de uno de los grandes éxitos internacionales del cine mexicano, la famosísima *Como agua para chocolate*.

La segunda colaboración de Emilio Fernández con Sam Peckinpah se producirá cuatro años después de *Grupo salvaje*, concretamente en *Pat Garret y Billy el Niño* (*Pat Garret and Billy the Kid*, 1973), un *western* a ritmo de balada, recordado muy especialmente por la soberbia banda sonora de Bob Dylan (inolvidable su tema *Knocking at the heaven's doors*, convertido en uno de los himnos musicales de la década de los 70) y en el que Kris Kristoferson interpretaba a Billy el Niño y James Coburn al comisario Pat Garret.

En este filme la presencia de Emilio Fernández es prácticamente episódica. Interpreta a Paco, un peón mexicano amigo de Billy, al que vemos en un momento de la película despidiéndose del pistolero antes de emprender el viaje de regreso a su patria, México. Varias escenas después, Billy encontrará a Paco y a los suyos asesinados por un grupo de pistoleros que trabajan para el ranchero John Chisum.

Más intensa resultó su tercera experiencia en común: la película *Quiero la cabeza de Alfredo García* (*Bring me the head of Alfredo García*) rodada en 1974, probablemente la cinta más salvaje y despiadada firmada por su autor, además de una de las películas más desesperanzadas y nihilistas de las que se tiene recuerdo.

La historia arranca cuando un poderoso y brutal hacendado mexicano descubre que su hija ha quedado embarazada de un peón juerguista y mujeriego llamado Alfredo García. Ultrajado en su honor, el hacendado ofrece una recompensa para quien le traiga la cabeza del seductor, y un grupo de matones y mercenarios se despliega por todo el territorio para localizar al desdichado.

Benny, un aventurero norteamericano que se gana la vida cantando *Guantanamera* en un garito de mala muerte, es el único que sabe que Alfredo García se ha matado en un accidente de tráfico y que está enterrado en el cementerio de su pueblo natal. Acompañado por su novia, una prostituta llamada Elita, se dirige allí, y una vez en el pueblo desentierra el cadáver de Alfredo para cortarle la cabeza. En ese instante es atacado por dos de los matones que le dejan inconsciente.

Cuando recobra el conocimiento descubre que su novia ha sido asesinada y que los agresores han huido con la cabeza del cadáver. Benny les persigue enloquecido, les da alcance y los mata, recuperando la cabeza. Con el macabro trofeo de nuevo en su poder, emprende el viaje en dirección a la finca del hacendado. El calor del desierto mexicano va acelerando la putrefacción de la cabeza, aunque Benny intenta detener este proceso metiéndola en una bolsa de hielo, remedio que no logra evitar que la carroña atraiga a las moscas por docenas.

Durante el viaje Benny enloquece y comienza a hablar con la cabeza putrefacta sintiéndose casi poseído por el espíritu del difunto Alfredo García. Así, cuando llega a la hacienda, en el momento de cobrar la recompensa, desenfunda su arma y mata al hacendado. Luego, saca la cabeza de la bolsa y se la entrega a su hija mientras le dice: «Guárdela para cuando nazca el niño. Un hijo debe conocer a su padre.» Benny se encamina entonces hacia la salida de la casa donde le esperan los hombres del hacendado para acabar con él.

El personaje principal del filme fue interpretado por Warren Oates, un habitual en el cine de Peckinpah, como ya vimos al hablar de *Grupo salvaje*, y que realizó aquí su última colaboración con el director norteamericano. Cuando rodó esta película Oates ya no era tan sólo un simple secundario sino que se había ganado a pulso el ascenso a la categoría de actor de primera fila, realizando estupendas interpretaciones en filmes de la calidad de *El día de los tramposos* (*There was a crooked man*), a las órdenes de Joseph L. Mankiewicz, en 1970. Y a su novia en la ficción, Elita, la interpretó Isela Vega, una bellísima actriz mexicana que, nueve años después, tendría una fugaz colaboración en el cine español a raíz de su trabajo en la película *Navajeros* de Eloy de la Iglesia.

Y como era de esperar, el personaje del hacendado recayó una vez más en el excesivo Emilio Fernández. Su personaje en esta película es aún más brutal que el del general Mapache. Prescindiendo de los rasgos caricaturescos de este último, el hacendado al que encarna el *Indio* es un ser de una brutalidad retorcida, una criatura despiadada que no respeta ni a su propia hija. Y si Mapache parecía la encarnación de algunos dictadores creados por García Márquez, el personaje de esta película resume la esencia de todos los Pinochets, Castros y Galtieris que han tiranizado el continente latinoamericano.

Y para que no haya duda sobre ello, el papel que interpreta Emilio carece de nombre en el filme. Todos se refieren a él como «El Jefe». Un detalle que estiliza a esta repugnante criatura de ficción convirtiéndole en un símbolo de la opresión y de la inmoralidad que reina entre algunos representantes de las clases poderosas.

El reparto de la película se completa con la presencia de actores como Gig Young, Robert Webber y Helmut Dantine, y con la colaboración especial de Kris Kristoferson (quien ya fue Billy el Niño a las órdenes de Peckinpah), que aquí encarna a un motorista macarra que intenta violar a Elita, pero que cae abatido por los disparos de Benny.

La película, como ya he dicho, es la más violenta y descarnada de todas las filmadas por Peckinpah. Su sangriento tiroteo final, con la autoinmolación del personaje interpretado por Warren Oates, podría recordar en un principio a la carnicería que cerraba las imágenes de *Grupo salvaje*. Pero no nos llamemos a engaño, porque lo que allí era épica aquí es nihilismo desesperanzado. Ya no hay remisión posible para los protagonistas, y Peckinpah ni siquiera se digna detener un momento su cámara para dirigir una última mirada al cadáver de su antihéroe Benny.

Junto a esta violencia, Peckinpah también nos regala momentos de una ternura conmovedora. La escena de amor entre Benny y Elita en la ducha de un mugriento motel de carretera es una de las más delicadas jamás filmadas por el director norteamericano. Si sobre esa secuencia no sobrevuela la sombra del mejor John Ford, entonces que baje el mismísimo Dios y nos explique el prodigio. Pero pese a ese intervalo romántico (rodado sin cursilería alguna y haciendo gala de una sensibilidad exquisita que deberían conocer quienes sólo recuerdan a Peckinpah por sus alardes pirotécnicos), la película está trufada de una violencia que a veces resulta insoportable y que en ocasiones nos trae a la memoria a otro de los filmes más famosos de su director, *Perros de paja* (*Dogs of straw*).

Quienes han visto *Quiero la cabeza de Alfredo García* la recuerdan además por sus elementos físicos casi repugnantes. Por esas manchas de sudor en las camisas de Benny, por los pelos grasientos y pegajosos que le caen por su cara, por la mugre y la costra de los personajes secundarios. La suciedad es la estética, pero no como un simple alarde heredado del cómic, como podría ocurrir en las películas de Sergio Leone, sino como una opción moral del cineasta que realiza así un paralelismo entre la porquería física y la degradación moral de sus personajes (todos infectos, a excepción de Benny, Elita, y la hija del hacendado).

En ese sentido el azar y la desidia han jugado una vez más a favor del filme. La emulsión del color de la película se ha deteriorado por el paso de los años, confiriéndole a la cinta un aire aún más sucio y repulsivo, si es que eso es posible.

Sam Peckinpah y Emilio Fernández ya no volvieron a trabajar juntos nunca más, aunque jamás perdieron el contacto. El director mexicano siguió interviniendo como actor en películas norteamericanas, entre las que convendría destacar la comedia de acción *Los aventureros del Lucky Lady* (*Lucky Lady*), filmada por Stanley Donen en 1975 y que recoge una historia sobre contrabandistas de licor en los años 20 que protagonizaron Gene Hackman, Burt Reynolds y Liza Minnelli, y también *Bajo el volcán* (*Under vulcano*), la controvertida adaptación de la gran novela de idéntico título escrita por Malcon Lowry, que realizó John Huston en 1984, con Albert Finney, Jacqueline Bisset y Anthony Daniels en los principales papeles protagonistas.

Pero su colaboración con Sam Peckinpah había sido única e irrepetible. Ambos se entendían y el director norteamericano había encontrado en la personalidad desaforada e inclasificable del mexicano la encarnación perfecta para algunos de los personajes de sus inolvidables películas.

Al menos, siempre nos quedará la leyenda que nos habla de las brutales borracheras de los dos cineastas y de sus noches de sexo y alcohol en los burdeles de Sonora.

Capítulo XVI

— Encarnando a un asesino —

E
N 1977, planificaba Fernández el rodaje de una nueva
película, que llevaría el nombre concreto de *México norte*, y trabajaba en la elección de los exteriores, cuando se
produjo un gravísimo incidente.

La obra iba a ser una tercera versión de *Pueblerina* —la segunda fue *La tierra de fuego se apaga*— y el *Indio* estaba buscando las
localizaciones de exteriores con extrema minuciosidad. Acompañado
del periodista Miguel Ángel Ruela Talamanes y de Julio Enrique
Galván Carlos, a finales de mayo de 1976 se desplazó a la región de
Laguna, en Coahuila, su estado natal. Su destino final sería Torreón,
donde siniestros acontecimientos aguardaban para truncar su carrera definitivamente.

El 31 de mayo, los titulares de los periódicos anunciaban la muerte del joven campesino Javier Aldacoa Robles, a manos de Emilio
Fernández, quien se había dado a la fuga y estaba en paradero desconocido.

Tras varios días sin tener noticias de su persona, el 4 de junio el
cineasta fue detenido en Guatemala, cuando estaba a punto de co-
ger un avión que le llevara hasta Panamá. Otro avión, éste custo-
diado por la policía, le condujo de vuelta a la ciudad de México.
Viajaba con él el periodista del *Excelsior* Rafael Cardona, quien tuvo
el privilegio de conversar con el fugado en aquellas horas críticas,
previas a su enfrentamiento con la justicia. Cardona publicó la ver-

sión de los hechos que le diera el propio Fernández, tan difusa como nos tiene acostumbrados, y llena de incoherencias respecto a las declaraciones de los testigos. En primera instancia atendamos a la exposición del propio acusado, publicadas por el diario *Excelsior* el 5 de junio:

«Con la palabra del resignado, la voz quebrada de setenta y dos años y la cajetilla diaria de Delicados, todavía el eterno palicate en torno al cuello, el *Indio* Fernández recorre el pasillo del avión que lo lleva de Guatemala a la ciudad de México, donde lo espera la policía para llevarlo a lo que él llama un *triste final*: la cárcel.

Y se queja de todo el dolor que sus actos han provocado, lamenta tanta tristeza causada *en tan poquito tiempo* y explica que tuvo que hacerlo, que fue agredido, que sólo se defendió, que a su edad ya no está para buscarse broncas, *menos con un hombre joven como aquel desconocido.*

Y ya la nave se enfila hacia la frontera cuando él habla de la cárcel y dice que la vida en la prisión *es la muerte del alma*, recuerda su odio por los presidios y dice que se imagina la desesperación, la ferocidad de la vida carcelaria, la humillación.

[...]

—¿Por qué si no había una orden de aprehensión de la policía guatemalteca decidió regresar?

—*La policía me buscaba, me vigilaba constantemente; ante esa situación decidí hablar con el embajador Federico Barrera Fuentes y él me dijo que enfrentara las cosas como hombre, que diera la cara y que no iba a poder pasarme la vida de huida en huida. Me lo dijo como coahuilense y yo le hice caso. Tiene razón.*

[...]

Y el *Indio* comienza la crónica de su aventura.

Empieza por decir que buscaba filmar *México norte*, que buscaba las localizaciones cuando alguien le sugirió ir a Viseca, un poblado pobre y con poca luz que no tiene más de doscientos habitantes, cerca de la rica comarca lagunera.

Y que allí estaba con un grupo de gitanos que sacaron sillas a la calle, que tendieron en la tierra una alfombra y se pusieron a bailar y a tocar música, y que entre ellos estaba una hermosísima muchacha a la que solicitó para el elenco de la cinta. Y que había bebido *raspados* de hielo con vino tinto —*en vez del jarabe dulce de costumbre*— y que estaban felices todos hasta que de lejos se vieron las luces de un camión y que del camión se bajó un grupo de jóvenes y que uno de ellos fue grosero y lo insultó y lo golpeó; que le soltó dos tiros y entonces él tuvo que matarlo.

—*Comenzó a decir que quería que todos los extranjeros se fueran muy lejos, allá; que los iba a matar si no se largaban. Sus compañeros lo trataban de sujetar y yo creí que por ser quien soy iba a poder calmarlo.*

Pero nada. Me dijo que yo también, que mi madre, que no sé cuánto y me tira el primer golpe aquí a la cara. Me vino el temperamento porque yo no soy Jesucristo que ponía la otra mejilla. Le devolví el puñetazo y se fue para atrás, sacó la pistola y me soltó dos tiros; tuve que matarlo. ¡Es que, si no, él me mataba a mí, estaba como loco! Y le metí el tiro en el pecho y todavía se me quiso echar encima y le meto el segundo y en el suelo todavía me miraba con la pistola, una Luger en la mano, y me apuntaba y le mandé un tercero, pero ya nada más al piso, el primer tiro lo hice al aire para ver si se calmaba, pero nada.

[...]

Por las noches, cuando iba huyendo —recuerda— veía esos largos caminos oscuros, me imaginaba todos los trastornos que había causado con lo que hice; el dolor de la familia. Me los imaginaba comprando el cajón y en el velorio y en cuando tuvieron que enterrarlo. Yo no sé si tenía esposa, hijos. Yo no sé quién era ese hombre, no sé nada, sólo sé que si yo no le meto dos tiros, él me los mete a mí.

Y entonces dice que huyó porque tenía miedo de las represalias, cuenta que vio hombres con metralletas, que llegó a Torreón, que allí tomó camino para ir a México y que cuando llegó se refugió en su casa. Pero después cambió de refugio: el teléfono sonaba sin cesar y le aconsejaron que se fuera a otra parte en tanto pasaban un poco las cosas. Y sin querer decir quién se lo aconsejó, el *Indio* salió hacia Quintana Roo. Estuvo en Chiapas, se fue a

Belice y de ahí a Guatemala, porque la pobreza de ese lugar le hacía más difícil la situación.

—*Pedí un vuelo para Guatemala. El avión hizo escala en San Salvador, donde me vieron los policías. Me interrogaron y me fui a Guatemala. El resto ya lo sabes.*

Y en la charla mueve las manos y muestra un dedo lastimado —*todavía de aquello*— y se asoma a la ventanilla cuando el piloto anuncia que debajo está el pico de Orizaba y a lo lejos se ve la nieve brillante y la sombra del bosque y *el triste final* es cada vez más próximo y el *Indio* dice que cuántas veces ha tenido que aguantarse de los bravucones que lo hieren con púas y alusiones a su machismo cinematográfico y que quieren probarlo, que lo provocan. Y de pronto dice que ha reflexionado mucho acerca de la vida y se pregunta que cuál es el destino de angustias que lo persiguen, se pregunta qué pasa y abre los ojos brillantes, de desvelo, de hombre que durmió en una comandancia policíaca.

—*Una cosa me ha quedado clara. Nadie tiene derecho a quitarle la vida a otro. Pero era la suya o la mía. Todo esto que ha pasado es terrible, muy doloroso y muy triste, pero no fui yo el que lo provocó. Fue ese desconocido agresivo».*

Sólo vamos a hacer notar dos cosas que bastan para sembrar la duda. En su propio testimonio, Emilio dice haber disparado tres veces, dos balas perforaron el pecho de Aldecoa y el tercer proyectil impactó contra el suelo. Inmediatamente después dice que su primer disparo lo hizo al aire. Por otra parte, de los dos disparos que realizara el difunto no quedó rastro. La policía encontró tres casquillos del calibre 45 y ninguno de los supuestamente disparados por una Luger. Esto desarmó la versión de Emilio de haber actuado en legítima defensa y el 11 de junio fue encarcelado en la prisión de Torreón.

Ante la publicación de esta entrevista, el *Indio* se puso muy furioso y, sin nada que perder, amenazó de muerte a Rafael Cardona porque dijo que su artículo no le había favorecido en absoluto, ya que él modificó la versión dada al periodista cuando tuvo que declarar ante el juez. Poco tiempo después de cumplir su corta condena, ambos coincidieron y Cardona le preguntó si su vida corría peligro. El *Indio* dijo que «ya había cambiado de opinión».

Su encierro no afectó a la realización de *México norte*. Según Paco Ignacio Taibo, porque una influyente fémina, Miss México, convenció al gobernador para que concediera al *Indio* una autorización especial que le permitiera salir para rodar el filme.

Emilio Fernández anunció: «Con *Pueblerina* fuimos a Cannes en el año 1949; volveremos ahora. Vamos a decirles a los franceses cómo se hace cine.»

La película no se presentó a ningún festival internacional ni tuvo buena acogida en México.

Un polémico indulto del gobernador Flores Tapias devolvía la libertad a Emilio Fernández y, sin embargo, la fatalidad le esperaba fuera para golpearle de nuevo. La hija que Emilio y Columba Domínguez tuvieran en común, Jacaranda, se suicidó inesperadamente, dejando un demoledor mensaje para su padre en la pared de su dormitorio: «Te quiero mucho, papá.»

En 1978, el *Indio* también tendría que despedirse para siempre del rol de director. Más fiel a sí mismo que nunca y continuando con el gusto por hacer versiones, *Erótica* sería una segunda parte de *La red*; «Es la misma canción que interpretó de joven, pero ahora quien la dice es un viejo golpeado, cansado y lleno de infelicidad», eran algunas de las opiniones de la crítica..

Capítulo XVII

— El coqueteo con la muerte —

E N 1986 Emilio Fernández recibe la llamada de la actriz Sandra Broyd, que quiere que la visite en su casa de Acapulco para que colabore con ella en la redacción de un guión. Instalados en la casa de Las Dos Gaviotas, junto a la playa Caleta, la primera noche Emilio escucha unos gritos que le incitan a levantarse. Entonces pierde el conocimiento y se derrumba pesadamente junto a la alberca. Allí pasó toda la noche, inconsciente, hasta que al día siguiente le encuentran tumbado y sin conocimiento y le trasladan de inmediato para que reciba atención médica. Los médicos diagnostican que las lesiones son de una gravedad preocupante para un hombre de su edad, porque se ha roto un brazo y la cadera. Cuando recupera la conciencia, el malherido director, adivinando cuán cerca estaba el final, hizo llamar a Columba Domínguez. Como veía que el epílogo de sus días le estaba rondando de manera irremediable, decidió pasar los últimos momentos junto a la mujer de su vida. Fue la propia Columba quien le trasladó a la ciudad de México para que pudiera reposar en su amada casa.

Quienes le visitaron contaron asombrados lo que veían: El *Indio* estaba completamente desmejorado y anciano. El titán de los directores aztecas ni siquiera era una sombra de lo que fue. «Lo vi demacrado, casi cadavérico —recordaba el realizador Jaime Casillas—. Me impresionó mucho. Me dijo que prefería morir en el *set* que en la cama. Me dijo que morir en la cama para él era indigno.»

Allí postrado, Emilio el *Indio* Fernández sólo tiene un sueño que se torna obsesión: volver a dirigir una película.

Su salud empeora y los médicos le internan en el hospital Santelena para asistirle día y noche. Es intervenido de la muñeca y de una infección en la vesícula biliar. Columba no le deja sólo un instante y la prensa hizo comentarios al respecto. Fausto Castillo recordaba: «Cualquier aficionado al cine sabe que Columba Domínguez, como estrella de cine, es una obra completa de Emilio; no sólo le dio sus primeros papeles, sino que la convirtió en protagonista de muchas de sus películas. Para nuestro gusto, obligándola a cambiar en cierta medida su personalidad. Con él, Columba era simplemente la más bella flor del ejido: desde los vestidos que le diseñaba, el pelo largo y el hablar pausado. Pero si muchos reconocen esta creación de Emilio, pocos son los que saben el costo íntimo que durante años tuvo que pagar la *creación*. A los amigos que frecuentaban la casa, Emilio no les ocultaba su modo de tratarla. La ponía a hacer enchiladas, a servir *jaiboles* y a disfrutar de una charla salpicada de mentadas. Cuando al fin se separaron, Columba asumió su verdadera personalidad, que estaba muy lejos de aspirar a ser la flor más bella del ejido. Fue de las primeras en aceptar papeles en los que el desnudo era de rigor.

El 6 de agosto los médicos deciden dar el alta al paciente Fernández. El *Indio* está feliz ante la perspectiva de volver a su casa y exprime la que será su última voluntad: «que lo lleven a la ciudad de Cuautula, para recoger unas armas que había mandado componer y, de paso, ir al mercado para comprar barbacoa, enchiladas, mucha comida y algunas chácharas». Pero su optimismo dura un suspiro, el director muere ese mismo día a las pocas horas de haber regresado del hospital: su corazón dejó de latir repentinamente y lo que no había conseguido nadie, ni disparos, ni hombres, ni mujeres, lo hizo su propio cuerpo de un paro cardiovascular.

De inmediato se organiza el velatorio, al que acuden grandes personalidades y compañeros de profesión, como María Félix, que con Emilio Fernández delineó el denominado «cine de oro» mexicano. El entierro tuvo lugar al día siguiente. El féretro fue trasladado a los Mausoleos del Ángel Pedregal de San Ángel, acompañado por una multitudinaria comitiva.

Para el escritor mexicano Octavio Paz, «la muerte es algo con lo que se puede coquetear y bromear —se la apoda la Flaca, la Huesuda, la Pelona—, se la acaricia, se la corteja y se duerme con ella. Y no hay una sola muerte, sino tres. La primera cuando el corazón cesa de latir. La segunda cuando el cuerpo es entregado a la tierra; y la última, cuando ya no queda nadie que se acuerde de ti». Si seguimos estas premisas, el *Indio* Fernández consiguió hacer realidad uno de sus sueños: ser inmortal. Porque siempre que observemos la entrega de los Oscar y veamos cómo los actores, actrices, directores o técnicos levantan la preciada estatuilla, diseñada por Cedric Gibbons y esculpida por George Stanley, recordaremos al modelo que la inspiró, un personaje entonces desconocido que trabajaba como extra y electricista de escena en Hollywood, llamado Emilio y que aceptó posar desnudo por unos pocos dólares.

Pero todavía los espectadores se acordarán más de él cuando comprueben que consiguió retratar como nadie ese México inenarrable, lleno de contrastes y paradojas cargadas de realismo, a través de la magia de sus películas, tal como recoge José de la Colina en su artículo *Fernández, un canto bárbaro y refinado* publicado en la revista *Unomásuno* en 1986: «*En sus filmes el relato despliega tiempos lentos que de pronto revientan en el florecer de la violencia y propone personajes nobles y sufrientes, pasiones oscuras y súbitamente relampagueantes, coreadas por el viento y por el polvo, inmovilizadas en el paisaje impávido entre afilados magueyes y bajo nubes monumentales. El drama se expande en casonas rústicas o en adormilados pueblitos, o en haciendas señoriales y calles empedradas de los machos sombríos, y el drama se demora y dulcifica con la presencia de vírgenes o madonas morenas, humildes, sumisas en el amor, turbulentas en el grito del desamparo. La cámara se embelesa en los claroscuros, en el alargarse de sombras en los patios, en el lentísimo girar de los rostros que miran hacia fuera de cuadro, la coagulación de la tragedia, el destino, o detalla los silencios cortos de indios anónimos propuestos como la inmortalidad visual de la raza. Él encuadra, registra y sublima el caracolear de los caballos en contraluz y contrapicada, se pasma admirativo ante los ca-*

nales lacustres serenos como espejos, ante los barrocos, vaginales atrios de iglesias. La banda sonora recoge los discursos cívicos de humildes pero estoicos maestrillos de escuela, de los peones que la Revolución hizo guerreros epónimos, de los pelados que la patria hizo héroes. Y la dirección de actores inmoviliza a sus personajes, hieratiza sus rostros, ritualiza sus gestos, idolatra sus presencias...».

Otros aspectos de su vida

Capítulo XVIII

— La censura admisible —

«YO sí creo en la censura porque es un freno para toda esa bola de degenerados.» Con esta frase, Emilio Fernández se refiere en gran medida a la sexualidad. En su cine, cargado de historias de apasionado amor, rara vez se ve siquiera un beso. «No se necesita, me parece un poco desagradable», dice.

Aparentemente nada tiene que ver con la actitud que adopta ante el sexo en su vida: «El sexo es la cosa más fuerte que puede existir. Más que el amor. El amor es divino, ¿no? ¡Pero el sexo! Cuando dos personas se gustan son como animales y las necesidades biológicas no hay quien pueda, no hay religión, no hay familia, no hay ley que pueda contra ellas... Hasta cuando tenemos los frenos de la sociedad y de la religión y todo eso, dos personas aunque no se toquen uno siente que se están poseyendo... es una de las cosas más grandes». No nos alarmemos, afortunadamente el *Indio* asegura tener unas pautas éticas bien determinadas: «Dentro de mí hay un código moral que me rige, y es de respeto al sexo... Tiene que sugerirse de alguna forma..., pero no abiertamente ver un coito ¡no! ¡Horrible!» Esto explica por qué huye de escenas que puedan dañar la sensibilidad de la más regia de las morales. El erotismo de los actos íntimos queda implícito con sutiles insinuaciones para que el acto se desarrolle únicamente en la mente del espectador. Por ejemplo, en *Bugambilia*, el sexo queda reducido a su absurda representación, como juegos eróticos entre un gallo y una gallina; y en *La*

Red, las olas marinas y la trituración del maíz son los símbolos que delatan el ritmo voluptuoso del apego pasional que une a sus protagonistas. En otras ocasiones, el director era mucho más poético y se bastaba de un buen paisaje y del encuadre justo de sus protagonistas para crear la armonía que sólo produce la satisfacción amatoria. En la agudeza del espectador recaía la responsabilidad de saber reconocer el lado salvaje del concepto de amor puro que Fernández no quiere violar.

María Candelaria o *Un día de vida* se saldan con la imposibilidad de los personajes principales de consumar su amor, truncado por un montón de conflictos irresolubles que les separan; o, como en la historia de amor no correspondido de su primer filme, *La isla de la pasión*, donde Emilio decide que éste es un tema aún más precioso que una ficción sensiblera: «a mí me parece que es una de las cosas más tiernas y más dramáticas, un amor imposible, una persona enamorada de otra, sin saber por qué no la quiere a ella sino a otra persona». Lo cierto es que su tema favorito y más recurrente es el del amor frustrado, donde el sexo no tiene justificación aparente alguna.

Sólo al final de su carrera como cineasta, el *Indio* se vio forzado por su declive, y por las exigencias del público y de la industria, a introducir elementos más evidentes de las relaciones sexuales, como la exhibición de cuerpos desnudos, en trabajos como *Zona roja*, *La Choca* o *Erótica*. En la inclemencia de estos últimos años de dirección se vio forzado a renunciar una a una a sus características obsesiones personales, pues ya no encuentra sostén financiero en los productores para materializar sus ideas. Se ve forzado a aceptar encargos como la tragedia psicológica de *Acapulco* o el «*collage* de historias» de *Reportaje*.

Otro de los aspectos que Emilio condena sin piedad es la homosexualidad. El rol del macho en la sociedad es el pilar de la nación. «El día que le quiten ese espíritu al mexicano, que es lo único que nos hace sobrevivir y aceptar todo lo demás, es como castrarlo. Prefiero que haya machos y no maricones.» «El hombre homosexual a mí me parece repulsivo, ¿no?» Hasta la prostitución es justificable, «me parece una cosa normal y circunstancial. [...] Lo que no soporto yo son las mariconas, las lesbianas y todo eso... porque van contra lo que es ser mujer». «Las lesbianas son terribles, bárbaras y celosas.»

Taibo narra una anécdota que le contó la madre de la actriz Patricia Spíndola. Se encontraba en una reunión festiva en casa de Emilio, cuando llegó Chabela Vargas. El anfitrión cambió radicalmente de actitud, se puso tenso y entró en la casa. En su escritorio guardaba un arma y desde la ventana de su estudio disparó al estanque matando un pato. Cuando recuperaron el aliento, alguien se atrevió a preguntar por qué había matado al pato: «era un homosexual», contestó Emilio. Chabela Vargas se levantó con orgullo, en silencio, y se marchó.

Tal vez por esta animadversión que sentía hacia los homesexuales, Emilio siempre tomó como modelo a seguir a Rodolfo Valentino y no a su compatriota Ramón Novarro. Incluso en sus delirios imaginativos fue más lejos y llegó a afirmar que el mítico actor, por el que suspiraron miles de mujeres y algunas de ellas llegaron al suicidio el día de su entierro, falleció envenenado y no de una peritonitis aguda como recogía el acta oficial de su fallecimiento. Un óbito muy diferente al de Novarro, que le llegó el final de sus días de una manera brutal, asesinado en su casa por dos hermanos que posaban para una revista *gay* y que le robaron 5.000 dólares.

Capítulo XIX

— Un indio en un castillo —

CUALQUIERA que fuera la naturaleza de un proyecto emprendido por Emilio Fernández, adquiría unas proporciones monstruosas. Nada extraña pues que cuando concibió el que sería su hogar, lo viera como un castillo. Lo proyectó el arquitecto Manuel Parra y, en 1947, tras veinte años de construcción, dicha fortaleza quedó finalmente concluida. «Cuando hice esta casa tenía como treinta mil metros de jardín, pero comenzaron las envidias. Presidentes de la República y secretarios de Estado me la quisieron quitar. Me defendí como pude, pero se fueron llevando trocitos. Ahora no tiene el tamaño regio que a mí me gustaba. Yo amo el aire, el espacio. No, mi casa no es grande: tiene buen tamaño.»

Se trata de una casona estilo colonial con una impresionante fachada construida en piedra volcánica. Se encuentra ubicada en el barrio de Santa Catalina, en la calle Dulce Olivia. El nombre de la vía responde a un homenaje que el *Indio* dedicó a su amor platónico, la actriz de Hollywood Olivia de Havilland. Esta estrella, natural de Tokio, había conquistado al *Indio* con sus papeles de mujer grácil y sacrificada, y se casó con su marido, el escritor Marcus Aurelius Goodrich gracias a un regalo que le envió el director mexicano y que se lo entregó el escritor varios meses más tarde.

El lujoso barrio de Santa Catalina es el que tiene más abolengo de la ciudad de México. Para empezar, se fundó en el lugar que ocupó un asentamiento prehispánico denominado Omac y lo conforman fincas palaciegas, villas veraniegas y casas de reposo. La mayoría de las quintas son virreinales, pertenecen a los siglos XVII y XVIII, y encierran un trozo de historia. El *Indio* fue vecino de Dolores del Río, que habitaba en un inmueble de estilo colonial, vivió junto a la casa del historiador, poeta y cronista Salvador Novo; junto a la casona covoacanense que la tradición popular atribuye al conquistador español Diego de Ordaz. Otros inmuebles que destacan en su barrio son la casa del Sol, donde la Sociedad Forestal Mexicana rinde homenaje a Venustiano Carranza por redactar allí mismo nuestra Carta Magna, la constitución de 1917, o el castillo de la familia del historiador y político don José Cossio.

Al *Indio* no sólo le interesaba la solera de su distrito, estaba orgulloso porque «las gentes más importantes del mundo me visitaron y aquí tomaron tequila conmigo». La casa de Emilio fue la imagen de la esencia de las fiestas, todo era posible entre los muros de la fortaleza. «Esta casa ha vivido muchas cosas. Usted ni se las imagina», le diría a Taibo, misterioso. Sus reuniones eran la continuación de sus películas: menú, música y vestuario indígena enmarcaban el cuadro festivo. Dolores del Río lo recordaba como «la fiesta permanente del cine nacional; de un cine que ya era distinto al de todo el mundo. Algunos pensaban que aquello no tendría fin. Sin embargo, se terminó. El *Indio* no comprendía que las fiestas de su casa eran como la despedida, más que como la bienvenida, al cine indigenista.»

El cineasta Emilio *Indio* Fernández la habitó durante gran parte de su vida y ahí falleció el 6 de agosto de 1986. Actualmente pertenece a su hija Adela Fernández, quien, en su libro de recetas *Cocina Mexicana* (Panorama Editorial, México, 1985), nos detalla la cocina de la mansión de su padre y la describe como «el sitio más animado de la casa, siempre en movimiento, en agitación, llena de colores, olores y sabores. Construida a semejanza de las antiguas cocinas poblanas de tiempo de la colonia, es de azulejos con piso de ladrillo pulido y muros blancos encalados. Las vigas son de madera labrada e inmensos garrafones de cristal color ámbar o verde claro fungen como tragaluces. Resultó ser una cocina demasiado chica para las tantas mujeres que trabajan en ella. Mide 25 metros de largo y varía en su ancho de seis a nueve metros, dejando encantadores recovecos y buenos espacios para el movimiento funcional. Tiene ocho parrillas de gas que, disimuladas con azulejos, bien parecen de leña; seis braseros, un doble fogón de ladrillo, un horno de piedra y arcilla para el pan. Cuatro lavaderos amplios y profundos para los trastos y otro exclusivo para la limpieza de los alimentos crudos. Dos mesas de madera, una de ébano y otra de palo de rosa; una larga barra de azulejos sobre la que siempre hubo dos ollas de barro de un metro de altura, destinadas a conservar agua fresca; sobre la misma barra se encontraban los metales, molcajetes, morteros de madera y los distintos molinos para el nixtamal, carnes, especias y café. En los tablones colocados por doquier se ordebana la loza y cristalería. Las paredes estaban adornadas con una antigua vajilla de Talavera y con envases de uso diario, habiéndolos de todos los tamaños; cazos de cobre, cazuelas, ollas, jarrones y comales de barro, manojos de jarros colgados de alcayatas, canastos, sopladores, cucharas, palas y molinos de madera, jícaras, bateas y cedazos de crin de caballo».

Emilio «El Indio» Fernández.

Un joven Emilio interpretando al indio Zirahuen en «Janitzio»,
en el que sería su primer papel como protagonista.

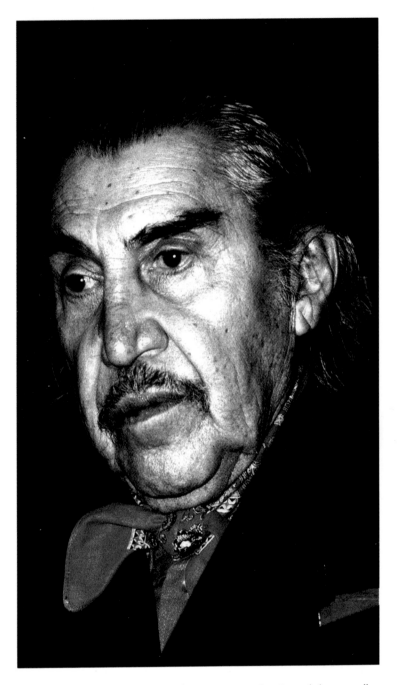

El Indio con su inseparable camisa azul y su eterno pañuelo rojo anudado a su cuello.

Durante el año cuarenta, el entonces actor solía aparecer en la pantalla completamente vestido de negro, de la cabeza a los pies, tal y como recoge el título de esta película, «El charro negro».

En el rodaje de «La Bandida», Emilio Fernández aparecía muy bien escoltado por Katy Jurado, María Félix y Lola Beltrán.

El Indio Fernández durante un homenaje que recibió en Madrid
por parte de actores españoles.

Emilio Fernández con María Félix durante el rodaje del film de Ismael Rodríguez
«La cucaracha».

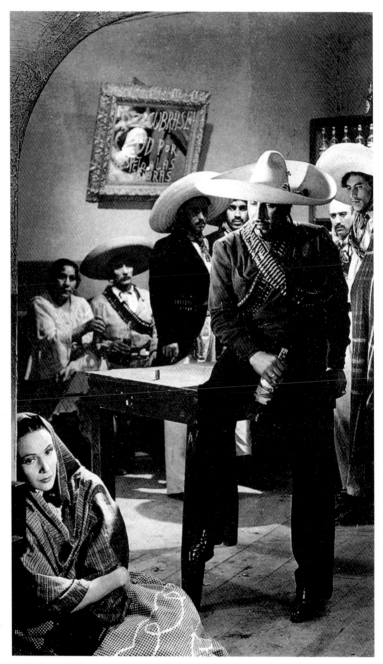

Dolores del Río compartió pantalla y amores con Fernández en «Flor Silvestre», la primera película de la actriz mexicana en su país natal.

Capítulo XX

— Las mujeres de su vida —

Greta Garbo

La historia del oscuro y perplejo romance entre el *Indio* y Greta Garbo no deja de ser una suposición que parece partir de sus fantásticas declaraciones autobiográficas. La Garbo había iniciado su carrera en 1921 en Alemania trabajando como extra, y cuando llegó a Hollywood, cuatro años más tarde, era una sueca desconocida que se dio aconocer en 1926, cuando protagonizó a la mediterránea y pasional Leonora en el filme mudo *Entre naranjos* (*The Torrent*). Puede que durante el rodaje del mismo conociera a Emilio a través de los actores latinos que trabajaron con ella, pero resulta poco probable, puesto que el mexicano también era un recién llegado.

Por otro lado, en la prensa no hay rastro de tal amorío, cosa sumamente extraña, ya que la vida de Greta Garbo era vigilada muy de cerca por los periodistas sensacionalistas, que llenaron incontables páginas informando sobre su vida sentimental. Además, «La divina» era de carácter bisexual y mantuvo sonados romances con cinco hombres bien conocidos e identificados: su pigmalión y decubridor Mauritz Stiller, uno de los grandes creadores del cine sueco, junto con Sjöstrom, que no dejaba que ningún extraño se acercara a su protegida; John Gilber, con quien compartió cartel en *El demonio y la carne* (*Flesh and the devil*) a las órdenes de Clarence Brown; el célebre compositor musical Leopoldo Stokowski; el médico especializado en dietas Gayelord Hausen, y finalmente el multimillonario George Schlee, que fue marido de Valentina, también conocida como «la modista de Hollywood» y verdadera artífice de la elegancia siempre señorial que lucía Greta Garbo, y a quien curiosamente abandonó tras una loca noche de amor en la suite Crillon de París, al comprobar que había muerto mientras dormía. En lo que respecta a sus amantes femeninas más conocidas fueron las actrices María Dessler, Dorothy Sebastian, Barbara Kent, Paulette Duval y Florence Lake. La protagonista de *Mata-Hari* y *Ninotchka* también mantuvo relaciones con la popular periodista Barbara Maclean y con la escenógrafa Mercedes de Acosta. Respecto a los rumores sobre si fueron amantes Marlene Dietrich y Greta Garbo, no se sabe nada con seguridad, a pesar del diario que ha salido publicado recientemente y que parece indicar que la actriz alemana sí flirteó con «la divina» sueca. Pero si hay un nombre que no aparece por ninguna parte, ése es el de Emilio Fernández; así es que lo más probable es que se cumpliera la teoría de Alex Phillips, a quien verdaderamente frecuentó el *Indio* en Hollywood, y es que el director tuvo un *affaire* en sus primeros años con la doble de Greta Garbo.

AURORA BAUTISTA

Esta popular y temperamental actriz española, nacida en la localidad vallisoletana de Villanueva de los Infantes el 15 de octubre de 1926, ha sido una estrella muy popular en España y en Sudamérica gracias especialmente a los papeles que le ofreció el director Juan de Orduña en sus películas *Locura de amor* en 1948, *Pequeñeces* en 1949, *Agustina de Aragón* en 1950 y *Teresa de Jesús* en 1961. Precisamente el personaje que le dio la fama fue el de la reina Juana la Loca en el primero de estos títulos, porque gracias a él sorprendió a un gran número de espectadores. No es de extrañar, por tanto, que cuando en 1965 la actriz viajara a México para intervenir en una película que llevaba por título *El derecho a nacer*, intentara reencontrarse con un público que le había ayudado a conseguir un gran éxito internacional con *Locura de amor*, pero lo que nunca podría sospechar Aurora es que ese viaje se iba aconvertir en toda una pesadilla por culpa del acoso al que la sometió el *Indio* Fernández.

Dan testimonio de la locura de amor que la Bautista despertó en el director azteca declaraciones como las que el escritor Julio Alejandro compartió con Taibo:

«Yo vivía en un departamento cercano a Melchor Ocampo cuando una vez, a las tres de la mañana, comenzaron a tocar a mi puerta. Me quedé muy sorprendido cuando vi a Emilio Fernández que me visitaba a esa hora. Ocurre que le habían entregado poco antes un guión escrito en España por Carlos Blanco, quien entonces era acaso el argumentista español mejor pagado. Se trataba de una historia sobre *Corona Merecida,* de Tirso de Molina, y había sido escrita pensando en Aurora Bautista. El *Indio* estaba muy enamorado de Aurora y llegaba a consultarme lleno de angustia, porque había leído la escena en la cual la protagonista se lanza vitriolo a la cara, para poder huir de las peticiones eróticas del rey. Siendo fea, salvaba su virtud. Emilio me decía que él no haría jamás una película en la que una mujer bella fuera destruida por el vitriolo. Decía: *Yo no le hago eso a Aurora. No se lo puedo hacer. Yo lo que quiero es raptarla en un caballo blanco.* A mí, la escena del vitriolo tampoco me gustaba, pero le dije que si hacía *Corona Merecida* no podía huir del vitriolo y que sería tanto como contar la muerte de María Antonieta y no llevarla a la horca. A las cuatro de la madrugada Emilio se fue, todavía muy nervioso. En la puerta me dijo que definitivamente ni vitriolo ni *Corona Merecida.*»

Fue tal la rendición de Emilio ante Aurora Bautista que otro escritor, Hugo Argüelles, recuerda cómo, en tono jocoso y con los ojos brillantes por la emoción del recuerdo, Emilio le relataba una faena que le hicieron ésta y Dolores del Río en España. Viajaban juntos a Toledo, pero a mitad de camino las mujeres se las ingeniaron para hacerle bajar del coche con la excusa de llamar a una casa para pedir una información. Cuando se quiso dar cuenta, éstas habían continuado el viaje, dejándole abandonado en un pequeño pueblo castellano, y tuvo que volver andando a Madrid.

Curiosamente Aurora Bautista contrajo matrimonio con un médico mexicano e interrumpió temporalmente su carrera como actriz, hasta que en 1967 regresó a España y comenzó a trabajar de nuevo, dejando huella de su gran profesionalidad en los filmes *Extramuros*, de Miguel Picazo, en 1982; *Divinas palabras*, de José Luis García Sánchez, en 1987, y *Amanece, que no es poco*, de José Luis Cuerda, en 1988.

OLIVIA DE HAVILLAND

Fue el verdadero amor en la vida de Emilio Fernández, hasta el punto que la calle en la que se encuentra situada la gran mansión del cineasta lleva el nombre de Dulce Olivia, en recuerdo a su musa.

Olivia de Havilland nació en Tokio (Japón) el 1 de julio de 1916 y es hermana de la también actriz Joan Fontaine. Su padre era un profesor de inglés en el continente asiático y las dos hermanas pasaron su infancia en la ciudad de Saratoga. Formada en el teatro clásico, la actriz alcanzó una gran popularidad al interpretar al lado de Errol Flynn míticos títulos de aventuras, como *El capitán Blood* (*Captain Blood*), *La carga de la brigada ligera* (*The charge of the light brigade*) o *Robín de los bosques* (*The adventures of Robin Hood*), todos ellos dirigidos por Michael Curtiz. Olivia ganó dos Oscar de la Academia de Hollywood por su interpretación en los filmes *Vida íntima de Julia Norris* (*To each his own*), dirigido por Mitchell Leisen en 1946, y *La heredera* (*The heiress*), realizado por William Wyler en 1949. Además tuvo la fortuna de tomar parte en uno de los elencos más importantes de la historia del cine, como es el que formaron los actores y actrices de *Lo que el viento se llevó* (*Gone with the wind*), encarnando a la pudorosa Melania.

En realidad el *Indio* Fernández jamás dijo que la hubiera conocido y sí que la amaba profundamente, porque era la mujer de su vida, y que por este motivo le enviaba regalos que le eran devueltos. Para su ilusión, uno de ellos no le fue restituido; precisamente uno que le envió con un mensajero muy especial, un escritor que llegaría a convertirse en una celebridad. Se trataba de Marcos Groodrich, quien olvidó su cometido. Tiempo después, durante una mudanza, encontró el regalo en su casa. La culpa le hizo ir a visitar a la actriz para explicarle lo sucedido, pero acabaron enamorándose y casándose. El matrimonio duró desde 1946 a 1953 y tuvo un hijo al que pusieron de nombre Benjamín. Posteriormente la actriz contraería nuevas nupcias con el periodista francés Pierre-Paul Galante en abril de 1955, y fruto de esta unión nacería una niña bautizada con el nombre de Gisella. Pero lo más curioso de todo es que el escritor Marcus Aurelius Goodrich jamás le confesó a Emilio Fernández lo que realmente había sucedido.

COLUMBA DOMÍNGUEZ

Que la actriz mexicana Columba Domínguez fuera una creación de Emilio Fernández no lo duda nadie. Él la moldeó como quiso y también se comportó como su auténtico mentor, enseñándola a moverse dentro y fuera de las cámaras, además de dejarla ocupar un lugar en su casa y su matrimonio de manera oficial después del divorcio de la cubana Gladis Fernández. Incluso parece ser que Adela, la hija que Emilio tuvo con Gladis, se llevaba a las mil maravillas con Columba,

Columba Domínguez Adalid había nacido en Guaymas, Sonora, el 4 de marzo de 1929 y desde que conoció a Emilio en 1945 durante el rodaje de *La perla*, estaría unida a él hasta mediados de los 50. Columba actuó a sus órdenes también en *Río Escondido*, *Pueblerina*, *Maclovia*, *La Malquerida* y *Reportaje*, pero después de su separación, ella, liberada, cambió su imagen siguiendo las pautas de la moda y se cortó las trenzas para romper su sumisión con el hombre que hasta entonces había ocupado su corazón. Llegó incluso a enseñar el pecho en la película de José Díaz Morales *La virtud desnuda*, en 1955, y este hecho no dejó indiferente al *Indio*, que hacía responsables a los productores por haber desnudado a su ex mujer.

También hay otro relato que demuestra claramente la relación de sumisión que mantenía el director con su esposa, cuando en 1950 Columba Domínguez viajó a Italia para protagonizar *L'edra* (estrenada en México con el título *La tortura de la carne*), de Augusto Genina. Adela Fernández cuenta el conflicto que le supuso a Emilio consentir al viaje de su esposa: «El *Indio*, encendido por los celos, se opuso de inmediato: *Columba sólo va a hacer cine mexicano, que ni sueñen los italianos por contratarla. Además, a mi mujer ningún otro director la toca.*» Diego Rivera intervino haciéndole notar que la presencia de Columba en el cine italiano significaba el reconocimiento a la belleza y al talento de las mexicanas: *Deja que México la presuma allá, además es hora de que le des alas.* El Indio se estremeció: *¿Alas? ¿Y si se queda volando por otros aires?* o, lo que es peor, *¿qué tal si regresa toda europeizada?* Diego le espetó: *¿No confías en ella? ¿No la has educado lo suficiente?* El *Indio*, enervado, le gritó: *Ponte en mi caso... ¿mandarías a tu hija?* Diego aceptó el reto y decidió que las muchachas (Columba y Ruth) debían ir a Europa. Las mandaron juntas custodiadas por Jaime, el hermano del *Indio*, que entonces era un jovencito».

Tentadas por la moda europea, las mexicanas se cortaron sus largas melenas y a su vuelta Columba hubo de disimular ante su marido con trenzas postizas y lazos de colores, a la espera de que el cabello volviera a crecerle hasta alcanzar la cintura. Pero Emilio descubrió el artificio y exclamó: «Yo no puedo vivir con una mujer que le basta poner un pie en Europa para traicionar a México. Te has cortado la belleza y la dignidad.»

El *Indio* y Columba tuvieron una hija, llamada Jacaranda, que se suicidó, y el director no volvió a disfrutar nunca más de una relación de pareja estable. Además Columba fue la persona que le acompañó en los momentos previos a su muerte, cuando Emilio ya estaba colmado de soledad.

DOLORES DEL RÍO

Dolores del Río y Emilio comenzaron su relación sentimental durante el rodaje de *Flor Silvestre*, la primera película que la actriz rodó en su país después de conquistar Hollywood. Ellos intentaron mantener en secreto su amor y, aunque ya convivían bajo el mismo techo, nunca llegaban juntos al trabajo y abandonaban el rodaje siempre por separado. Era todo un contraste ver como pareja a un embrutecido Emilio y a una bella y elegante Dolores. Según parece, Emilio se enamoró de la actriz cuando llegó a Hollywood y ella ya era una estrella, pero Dolores ni siquiera le miró a los ojos. Varios años después él diría en una entrevista, como a modo de venganza, que con el tiempo él la hizo su mujer.

Algunos de los personajes que visitaron a la pareja cuando estaban juntos, decían que era normal encontrarse a Emilio bebiendo tequila y a Dolores tomando el sol desnuda. La actriz, cuyo verdadero nombre era Dolores Asúnsolo López Negrete, que había nacido en Durango el 3 de agosto de 1905 en el seno de una familia acomodada, estuvo casada en tres ocasiones. Primero con el diplomático y abogado Jaime del Río, que le dio su apellido artístico a los quince años de edad y al que algunas fuentes relacionaron sentimentalmente con el actor mexicano Ramón Novarro, primo de la actriz. El segundo, con el director artístico de la Metro Cedric Gibbons, diseñador de la famosa estatuilla del Oscar, y en la que según parece Emilio Fernández tuvo bastante que ver. Y su tercer marido fue el director de escena Lewis Riley.

Cuando Dolores del Río conoció a Emilio Fernández, acababa de finalizar una relación sentimental con Orson Welles que había durado varios años. Entre el *Indio* y María siempre quedó un poso de amistad que sólo desapareció con la muerte de la actriz.

OTRAS CONQUISTAS

Jaime Valdés recoge el 11 de abril de 1954 en *Novedades* el anuncio del reciente interés de Emilio por la ex mujer de Julio Bracho, la bailarina Delia Ruiz. También se anunciaba a la dama como el próximo lanzamiento estelar del director, pero esta circunstancia nunca sucedió.

Cuando en 1955 viajó a Argentina para rodar *La Tierra de Fuego se apaga*, el *Indio* se enamoró de la joven aristócrata Martha Gallardo. Comprobadas las credenciales del pretendiente, el padre de Martha estaba dispuesto a conceder la mano de su hija al mexicano, a condición de que se instalara en Argentina. «Ninguna mujer, por grande que sea el amor que le tenga, podrá jamás desterrarme», contestó Emilio.

Ésta no sería la única conquista del *Indio* en Argentina. Una de las actrices secundarias de *La Tierra de Fuego se apaga*, llamada Beatriz Padilla, también cayó en sus redes. Adela Fernández recuerda que cuando viajó con su padre por Europa, Beatriz fue a Nápoles para reunirse con ellos, «aunque, después, los devaneos amorosos del *Indio* la alejaron de él», como la aventura que al parecer tuvo con una tal Donatella que le llevaba en moto por Roma.

Pocos meses antes de su suicidio, la exuberante Marilyn Monroe visitó México. El *Indio* aprovechó la ocasión para celebrar una de sus memorables fiestas en su mansión, en honor de la actriz. Parece que ambos simpatizaron de inmediato, obsequiándole él con una de las esculturas prehispánicas que custodiaba en su fortaleza. En un artículo publicado en *Novedades*, el 7 de agosto de 1962, Jaime Valdés lo refiere como sigue: «*Cuando te sientas triste y deprimida, toma el primer avión para México, porque aquí te queremos y te comprendemos*, le dijo Emilio Fernández.

Emilio y Marilyn hicieron muy buena amistad. Esa misma noche, la desaparecida estrella agradecía a Emilio sus palabras de aliento, acercando a sus carnosos labios una copa de tequila, diciendo con voz que era un sensual susurro: *¡Viva México!*»

A finales de 1962, durante la celebración en Acapulco de la Quinta Reseña Cinematográfica, circuló la voz de que allí el *Indio* estuvo cortejando a otra hermosa mujer, en esta ocasión la actriz griega Irene Papas. Al parecer, tal devaneo no duró mucho, ya que fue interrumpido por el fotógrafo inglés Omar Marcus, con el que Fernández se enfrentó a puñetazos.

A sus sesenta y dos años, en 1966, cuando dirigió y protagonizó *Un dorado de Pancho Villa*, Emilio Fernández suspiró por una joven actriz que contrató para el filme, aunque su presencia tuvo poca repercusión; su nombre era Sonia Amelio, de la que un compungido cineasta llegó a declarar: «Sólo hay en el mundo una mujer maravillosa, digna de entregarle el corazón, pero no me pertenece. Es la única mujer con una sensibilidad y una pureza realmente estremecedora. ¡Qué lastima que yo sea tan feo para ella!»

En 1974 el *Indio* anuncia que se volverá a casar con la joven Argentina Fernández. Hasta entonces se supo de sus romances con Beatriz Castañeda y Gloria Cabiedes, pero nadie imaginaba que a sus setenta años estuviera pensando de nuevo en el matrimonio. La periodista Hylda Pinodesandoval describe a la novia: «Vestida con un traje típico mexicano, con preciosas trenzas. Semejaba una actriz arrancada de una de sus muchas películas.»

Capítulo XXI

— Anecdotario —

— En 1927 la recién fundada Motion Pictures Academy, eligió el físico del *Indio* como modelo para que Cedric Gibbons, ex esposo de Dolores del Río, lo inmortalizara en la famosa estatuilla del Oscar. Según parece, el futuro actor y director posó desnudo para tan dorado momento.

— En 1986, Emilio Fernández invitó al embajador de España a comer en su mansión. En el último momento el diplomático se ve involucrado en un compromiso más importante y envía a casa del *Indio* a su mujer y a una amiga. ¿Quién podía imaginar que Emilio se lo tomara como una grave ofensa? Él quería al señor embajador, no a dos mujeres, así que sin más dilación las echa de sus propiedades. «Yo había invitado al embajador de España —se explicaría después—, a ése le hubiera ofrecido todo. Los extranjeros nunca saben cómo nos deben tratar.»

— En el cine del *Indio* Fernández sus protagonistas jamás se besan.

— Cuando visitó la pinacoteca parisinense del Louvre le sedujo sobremanera la Venus de Milo. «Me enamoré... y cuando había tipos que se quedaban viéndola, tenía ganas de pelearme con ellos... y había unos indiferentes que nomás se pasaban, me daban ganas de agarrarlos del cuello y decirles: Fíjate en ella. Era una mezcla de celos y alcahuetismo. Me llamó la atención por su perfección, y además siempre me causaron un enigma tremendo los brazos, porque con los brazos no sería la Venus de Milo. La Venus de Milo es perfecta sin brazos... ¡es tan perfecta así como está!»

— «Cuando ustedes dicen que hacemos melodramas nos ridiculizan. Decir que mis películas son melodramáticas es tanto como decir que son una mierda.» El melodrama pretende la absoluta representación impetuosa de los sentimientos exaltados y Emilio Fernández pretendía hacer un cine completamente contrario. Paradójicamente, le guste o no, el *Indio* se convirtió en el soberano del melodrama, plasmando todos y cada uno de los mitos estereotipados de este género que, según la estudiosa Silvia Oroz, son la pasión, el amor, el incesto y la mujer.

— El *Indio* padecía insomnio pero cuando dormía tenía curiosos sueños y pesadillas. Se lo describió así al periodista Luis Gastélum, quien incluyó estas declaraciones cuando redactó la noticia de la muerte del *Indio*: «Me siguen toros, estoy a la orilla del mar con unas olas gigantescas que se van a quebrar y me van a apachurrar y me siento muy pequeño. A los toros les tengo pánico y son los que me salen en los sueños a seguirme y doy unos brincos tremendos; además, siento caerme, caerme de los edificios y rebotar y subir más arriba y volver a caer y me entra una angustia que me ahogo, siento volar a veces y a veces sueño con una mujer preciosa en un acto de amor y despierto y quiero volver a soñar, continuar con el sueño y no puedo.»

— Interpretó uno de sus últimos papeles en *Bajo el volcán* (1987). José Luis Cuevas dedicó unas líneas para su columna en el *Excelsior* a un penoso incidente protagonizado por Emilio Fernández y su hija, Ximena Cuevas, quien había estudiado dirección cinematográfica:
«Ximena [...] trabajaba con John Huston en la filmación de *Bajo el volcán*. [...] Ximena había hecho buena amistad con

Jacqueline Bisset y con Anthony Andrews, así como con Gabriel Figueroa y con Gunther Gerzso, a quienes ya había conocido fugazmente en mi casa. Todo era perfecto, todo iba bien hasta que surgió el *Indio* Fernández, quien desempeñaba el papel de un cantinero. Ximena admiraba al director mexicano y buscó su amistad para hablar con él de cine. Éste estaba casi todo el tiempo ebrio y un día la invitó a charlar en un café del Hotel Mirador. Ximena aceptó encantada, pero algunos de sus amigos la previnieron: el *Indio* es peligroso. Le aconsejaron que no fuera sola. Lo más probable es que Fernández llevara intenciones aviesas. Ximena le pidió al joven fotógrafo Antonio Vizcaíno que la acompañara a su cita con el *Indio*. Éste la esperaba en una mesa adornada con flores, tal como él director había pedido con anterioridad. Un guitarrista le acompañaba y tocaba *Flor Silvestre*, mientras el *Indio* se tomaba lentamente un cubalibre. Vestía un elegante traje negro de charro y miraba melancólicamente al cielo. Ximena apareció y al ver el *Indio* que había llegado con alguien enloqueció de rabia e intentó sacar la pistola, que posiblemente era de utillería. Lanzó al aire altas maldiciones y Ximena y su amigo escaparon a todo correr. Yo, enterado de lo que estaba sucediendo, me comuniqué con la jefa de producción, Luciana Cabarga, para que protegiera a mi hija. Ximena recordaría después un momento patético. Se le apareció el *Indio* mientras ella conversaba con Danny Huston. Lo vio venir como al Golem, con los brazos extendidos con intención de abrazarla. Ximena retrocedió y el *Indio*, sin controlar sus esfínteres, allí mismo se lo hizo en los pantalones. Se quedó tieso, con las piernas abiertas y poco a poco bajó los brazos y apretó los puños. Avergonzado, se escondió en una *combi*. Nunca más volvió a molestarla. Evitaba incluso encontrarse con ella.»

— El 26 de mayo de 1960, en pleno declive de su carrera, el *Indio* organizó una reunión en su casa con los periodistas Ricardo Perete, Jorge Uriza y Carlos Haro, a la que también asistió el fotógrafo Armando Moreno. La intención de Fernández era darse un poco de publicidad hablando ante la prensa de sus experiencias en Europa. La entrevista se dilató varias horas en las que todos abusaron del tequila. Cuando el *Indio* ya estaba borracho declaró que «México es conocido únicamente por mis películas, si no fuera por ellas nadie sabría dónde está el país». Los periodistas rebatieron sus palabras y el director, furioso, pegó a Moreno, tras lo cual fue a buscar su pistola. Los invitados escaparon pero no sin que Carlos Haro fuera alcanzado por un tiro.

— El periodista Ricardo Perete escribió para el *Excelsior* el 6 de junio de 1976 un artículo donde contaba la siguiente historieta del período en el que el *Indio* estuvo casado con Columba Domínguez: «Llegó Emilio en plena madrugada a su casona de Coyoacán; Columba ya estaba dormida en su recámara... Entró Emilio, despertó a Columba y a gritos le exigió: *¡Quiero mole!*

Columba le respondió a Emilio que era absurdo exigir mole a esa hora y que además no había nada en la cocina. Pero el *Indio* siguió con sus gritos de *¡quiero mole!*, hasta que Columba le dijo: *Está bien, espérame un rato.* Y Columba cumplió y le dio mole a su marido.

Al día siguiente Emilio preguntó por su famoso gallo "Marco Polo", campeón nacional de los palenques. Y la respuesta de Columba fue rotunda: *Anoche te comiste a Marco Polo.* El *Indio* persiguió a Columba por toda la casa y ella huyó a la calle.»

— Una anécdota contada en primera persona: «No siempre en Europa la gente sabe exactamente quién soy. Imagínese usted que estando en la plaza de San Marcos en Venecia, una *ragazzina* italiana se arrojó a mis brazos gritando: *Aquí está Pancho Villa, el que hizo la Revolución en México.* Humildemente le expliqué que simplemente fui uno de sus Dorados.»

— Cuando Emilio Fernández viajó a Italia, el Papa Pío XII le concedió audiencia. En realidad fue Su Santidad quien, interesado en el trabajo del *Indio,* le mandó llamar para ofrecerle un «contrato de exclusividad por diez años para que se dedicara a hacer unos documentales sobre la vida de los santos». Emilio no lo dudó un instante al contestar: «Perdone, su Santidad, pero soy indio mexicano, de esos que no lograron conquistar los españoles. Yo sigo creyendo en Huitzilopochtli y de santos y milagros no entiendo nada.»

Sus declaraciones más significativas

— De la vida —

— *Yo soy soldado de alma, corazón y vida.*
— *Sólo existe un México: el que yo inventé.*

— *El día que le quiten ese espíritu al mexicano (el machismo), que es lo único que nos hace sobrevivir y aceptar todo lo demás, es como castrarlo. Prefiero que haya machos y no maricones.*

— *¿Qué nos gobierne una mujer? ¡Eso nunca! México es México y por ello mismo es masculino. Jamás los mexicanos aceptaremos un matriarcado.*

— *A mí no me importa que un libro esté bien escrito o mal escrito, me importa la tesis que encierra. Lo que importa es la tesis. Tratar siempre de no quedarse en el lado malo de las cosas, porque se corre el riesgo de luego ya no querer salir de ahí. Muchas veces la gente no se da cuenta de que el lado malo de las cosas existe, inclusive dentro de una expresión artística. Jugamos con fuego sin darnos cuenta. Jugamos a «no importa lo que diga, sino cómo lo diga». Y así empezamos a trabajar con una serie de elementos que inevitablemente nos llevan al mal. Y las consecuencias surgen tarde o temprano. Debo señalar que esto no quiere decir que yo sea un mojigato, simplemente veo las cosas como son.*

— *Soy sumamente violento. La violencia me viene de no tolerar la injusticia. No me gusta que me molesten. La gente se acerca y me saluda y yo les atiendo. Les invito a una copa, a sentarse a comer conmigo. Pero que no venga un hijo de puta a mentarme la madre porque no lo tolero. El mexicano es muy macho, el hombre debe serlo.*

— *La persona que tiene una personalidad será siempre igual.*
— *Yo he vivido siempre en una especie de cuarta dimensión; el tiempo no existe, para mí todo es igual: ayer, hoy, mañana, todo es presente, ¿no?*
— *El hombre vale por la mujer que tiene y por la patria que tiene. Y yo me siento orgulloso de ser mexicano.*
— *Muchos se vuelven maricones porque su mamá es puta.*
— *El hombre homosexual a mí me parece repulsivo.*
— *No quiero darles el gusto o la pena de verme jodido.*

— Del cine —

— *El actor es arcilla y el director es escultor.*

— *Ni los mexicanos sabían cómo era México hasta que yo se «lo» enseñé.*

— *El cine norteamericano es el mejor. No existe nada en la cinematografía de otros países que no haya sido creado o superado por los norteamericanos.*

— *El cine es un hipocampo que parió una niña puta, que es la televisión.*

— *Para mí el cine no es sólo para divertir, sino para educar, orientar, elevar, guiar, no para degenerar y corromper a la juventud.*

— *Hay que tener muy presente que el cine es la única industria que da a la gente del país y del extranjero una visión permanente y significativa de lo que es México.*

— *Los productores mexicanos se enorgullecen de no saber más que una cosa: que hay que hacer churros para ganar dinero. Y les da un miedo horrible que les pidan películas de mejor calidad...*

— *Sólo con buenas películas aseguraremos los mercados de lengua española y aumentaremos el prestigio de México en el extranjero. ¡Con churros no se conquista el mundo!*

115

—*Vamos a hablar claro. [...] Claro, ¡y fuerte, para que nos oigan! Tengo derecho porque mi cine es un cine limpio y sencillo, con un mensaje para este gran pueblo de nuestro incomparable México.*

—*Los ineptos y los mercaderes del cine no pueden ocultar el miedo que les causa la más remota posibilidad de que se les obligue a hacer arte. ¡Necesitamos liquidarlos pronto!*

—*Está bien que hacer películas tenga un ángulo comercial, pero ¡caramba, siquiera que hagan negocio con dignidad y no desprestigiando lo que nosotros conseguimos a base de tanto esfuerzo! Debe haber una depuración inmediata para que sólo queden gentes útiles, valiosas, visionarias. ¡El cine es un gran arte, no un estanquillo!*

—*Mi cine es de ambición y patriotismo, porque yo vengo de abajo. Era un chiquillo cuando ya andaba partiéndome el pecho en la Revolución. De mi familia, mi padre es el único que ha pasado a mejor vida «de muerte natural». Y eso, llevando en el cuerpo treinta y tantos plomazos. ¡Comprendan ustedes por qué no puedo hacer películas mariconas o estériles! ¡No las siento! ¡No las siento!*

—*Yo adoro México... ¡Es divino nuestro México! Da una gran serie de monstruos, de feos, de hipócritas y traidores; pero de pronto sale un Juárez, un Zapata, un Clemente Orozco, un Figueroa, ¡una mujer fantástica como María Félix! Y en estos terribles contrastes está la grandeza del México que debemos llevar a la pantalla, para lo que es urgente la contribución de la gente decente.*

—*Yo no entiendo de cifras, sino de hablarle a lo macho a nuestro pueblo para que salga de su letargo.*

—*Las lacras de un país se combaten exhibiéndolas y aportando fórmulas de solución, ¿no es cierto? Sin embargo, casi todas mis películas han sido mutiladas porque parece que hay un temor general a la verdad.*

—*México es un niño y hay que enseñarle, valiéndonos del cine, cuáles son sus errores; hay que afinar sus virtudes, para que siga adelante ¡y se convierta en un verdadero coloso!*

—*A mis productores yo les obligo a pensar primero en la patria, dejando la taquilla en un lugar secundario.*

—*Los que defienden el churro están defendiendo su pobre mentalidad.*

— *Aunque tengamos que repartir bofetadas, acabaremos con cuanto desgraciado se oponga al progreso del México y del cine.*

— *México es conocido únicamente por mis películas, si no fuera por ellas nadie sabría dónde está el país.*

— *He trabajado en churros y sin embargo no puedo quejarme y ni siquiera hago una crítica negativa al respecto, porque ante todo tengo gratitud a quienes me han dado trabajo.*

— DEL AMOR —

— *A las mujeres les va bien un poco de tratamiento apache.*

— *Hay mujeres perversas. Y hay malas mujeres a las que se puede convertir en gente amorosa. El hombre puede hacer eso: cambiar a las mujeres. Caricias y también castigo. Pero el placer de hacer una mujer nueva es muy grande.*

— *Quisiera ser dobladillo de sus minifaldas para frotarme con sus divinos muslos.*

— *No sé cómo son realmente las mujeres. Son caprichosas, muy egoístas, muy posesivas y celosas de algo que no deben tener celos.*
— *Una mujer debe preservar sus virtudes.*
— *Respecto a la liberación de la mujer decía:* Se le está haciendo una justicia de igualdad, pero la igualdad debe ser en determinadas cosas, por ejemplo en cosas intelectuales, en cosas artísticas, pero no, no, no con los mismos derechos de un hombre de salirse ella cuando quiera y todo eso. Mire: la han fregado. [...] La mujer está para determinadas cosas.
— *Esto es lo que debe ser una mujer, una caja de secretos, mantener cierto aire de fantasma, de alma pura. Deberían recorrer la casa y quedarse quietas en los rincones más hermosos, como si fueran esculturas, una pieza de arte.*

— *Las mujeres tienen que ser siempre como un ejemplo, recordando a su madre, lo que enseñaba, las virtudes de su madre, qué era ser abnegada, respetuosa con su padre, enamorada de su hogar, porque se les prepara a las gentes para eso. Y ahora no las están preparando, las están desvirtuando para que no tengan un hogar; ahorita no hay mujer que aguante la esclavitud de un hogar.*

— *El amor es la fuerza que rige el destino del mundo. Saber qué clase de amor, me importa poco... es un tema maravilloso. Puede tratarse de amor maternal, paternal, del amor por un caballo, por un fusil, por una pistola, por un cuadro, por una sinfonía. Por amor se puede hacer todo.*

— *Yo al amor lo veo como la conjunción exacta de las virtudes, tanto de un hombre como de una mujer; a mí me parece ¡perfecto!*

— *No se hagan los tontos, el sexo es la cosa más fuerte que puede existir. Más que el amor.*

— *Yo siempre he estado enamorado de la mujer que no es mía.*

— *El hombre sólo debe seducir a las mujeres cuando hay luna llena, porque la fase menguante merma las percepciones eróticas.*

Lo que otros han dicho de él

— *El* Indio *Fernández encarna al hombre rebelde y anticonformista..., el que deja de ser temeroso para ser temido; el que guarda la ternura en el fondo y muestra gran reciedad en la apariencia... Es el macho seductor, patriarcal, infatigable en sus luchas, cuyo lema en todo es «ganar o morir»* (Adela Fernández).

— *Emilio Fernández ha sido durante todo un período, el símbolo, por sí mismo, del cine mexicano* (Raymond Borde).

— *Ningún personaje de Fernández habla como una criatura normal y simple [...] habla la voz de la raza [...] las fuerzas sociales y los conceptos del realizador* (Jorge Ayala Blanco).

— *Tengo mucho cariño a las películas que hice con Emilio Fernández, sobre todo a* La Malquerida, *que ha sido mi papel favorito en el cine. El problema del* Indio *es que no supo salirse a tiempo del cine mexicano. Nosotros debemos dejar el lugar a jóvenes para que haya una renovación. No podemos seguir repitiendo hasta la saciedad lo que hicimos una y otra vez. Lo hicimos muy bien, qué bueno, pero no tiene sentido volverlo a hacer. La época de oro del cine indigenista o mexicanista ya pasó. Ahora debemos ir hacia otra etapa que puede ser igualmente buena, pero que debe ser distinta* (Dolores del Río, 1967).

— *Hasta el fin el insistió en no fallarle a su personaje, al macho colosal que representaba física y simbólicamente a México, no un país sino una geografía marcada por un estado de ánimo* (Carlos Monsiváis).

— *El* Indio *es recurrente en sus ideas, repetitivo en sus actitudes, reiterativo en sus ensoñaciones. Siempre en el límite de los opuestos, exaltado o deprimido, ya sea en extrema ternura o en extrema crueldad, y sus ternezas son siempre idénticas, así como sus agresiones* (Adela Fernández).

— *En las grandes películas del* Indio, *la belleza formal y el desorden de los sentimientos son una y la misma cosa* (Carlos Monsiváis).

— *Fernández es un verdadero romántico: la felicidad le da angustia. Es la infelicidad, en los fines dolorosos donde él reencuentra su equilibrio* (Raymond Borde).

— *Emilio Fernández es el cineasta de los delirios.*

Trabajos de Emilio Fernández
por cuenta ajena

Y_A hemos señalado los discretos comienzos del *Indio* en el cine. Por insignificantes que fueran sus primeras participaciones en la industria cinematográfica de Hollywood, fue ésta la fuente de la que bebió todo el saber técnico que después aplicó a sus propias películas, si bien éstas no tendrían nada que ver con el estilo de los filmes que se hacían en la vecina Meca del cine.

Debemos advertir al lector de la escasa fiabilidad de los primeros trabajos que vamos a reseñar, como si fueran parte de la filmografía no dirigida por Fernández. Entre la ambigüedad e inexactitud de las declaraciones de nuestro protagonista, la ausencia de los nombres de los extras en los créditos de la época y la dificultad de distinguir al *Indio* entre un ballet de bigotudos que actúan en un musical o un grupo de jinetes mestizos que aparecen en segundo plano en un *western*, no nos queda más remedio que aceptar la relación que el propio Emilio hizo de sus trabajos. Cierto es que no han sido pocos los estudiosos en señalar, ahorrándose comentarios más maliciosos, que «quizá su memoria haya confundido películas que sólo vio con otras que sí solicitaron su presencia». Fuera como fuere, les presentamos una relación de todos los filmes que supuestamente completan la carrera cinematográfica del *Indio* en su globalidad.

— *Ibáñez's Torrent* (1925), de Mont Bell (con Greta Garbo). Emilio Fernández dio una lista a Margarita de Orellana con todos sus trabajos en Hollywood, encabezada por este filme.

— *Beau Geste* (1926), de Herbert Brenon (con Ronald Colman).

— *Loves of Carmen* (1927), de Raouyl Walsh (con Dolores del Río). Según dijo el *Indio* a Jaime Valdés ésta fue su primera película.

— *El gaucho* (1927), de F. Richard Jones (con Douglas Fairbanks y Lupe Vélez).

— *Drums of Love* (1927), de D.W. Griffith (con Lionel Barrymore).

— *Ramona* (1928), de Edwin Carewe (con Dolores del Río). Esta participación como extra es la primera fiable de la carrera del *Indio*.

— *Tempest* (1928), de Sam Taylor (con John Barrymore).

— *In old Arizona* (1928), de Raoul Walsh e Irving Cummings (con Warner Baxter).

— *The Virginian* (1929), de Victor Fleming (con Gary Cooper), donde ya hizo un pequeño papel secundario.

— *Destino* (1929), de Chano Urueta (con Margo, Ramón Ramos, Mona Rico y Xavier Cugat). También trabajó el *Indio* en algunas producciones hispanas de Hollywood.

— *Gitanos* (1929), de Chano Urueta (con Margo, Ramón Ramos y Xavier Cugat).

— *Charros, gauchos y manolas* (1930), de Xavier Cugat (con Delia Magaña, Carmen Castillo y el cómico *Don Chema*).

— *Oklahoma Cyclone* (1930), de J. P. McCarthy (con Bob Steele). No hay duda de la intervención de Fernández en éste y el *western* que le sigue, del mismo director, como los mexicanos Panchez Gómez y López, respectivamente.

— *The Land of Missing Men* (1930), de J.P. McCarthy (con Bob Steele).

— *Girl of the Rio* (1932), de Herbert Brenon (con Dolores del Río).

— *The Western Code* (1932), de J. P. McCarthy (con Tim McCoy).

— *Flying down to Rio* (1933), de Thornton Freeland (con Dolores del Río, Fred Astaire y Ginger Rogers).

— *La buenaventura* (1934), de William McGann (con Enrico Caruso y Anita Campillo), donde el *Indio* interpretó a un gitano vil y perverso.

La buenaventura fue la última película de Emilio Fernández antes de regresar a México, donde fue recibido con los brazos abiertos. A pesar del escaso alcance de sus primeras interpretaciones, el hecho de que Hollywood fuera la cuna de su formación como actor le infligía cierto reconocimiento: «Emilio Fernández, el simpático *Indio Bonito*, como lo llaman sus amistades, no se ha parado por primera vez en México ante una cámara. Más de diez años permaneció en Hollywood, y por eso su habilidad como actor no deja lugar a dudas...».

— *El escándalo* (1934), de Chano Urueta (con Enrique del Campo y Movita Castañeda), contó con la participación de Emilio como ayudante de dirección. Éste fue el debut del *Indio*, interactuando en el filme tras la cámara.

— *Corazón bandolero* (1934), de Rafael J. Sevilla (con Juan José Martínez Casado y Victoria Blanco). «A los pocos días de haber arribado a México con la firme pretensión de abrirse campo en nuestros estudios, fue contratado por Mexfilm para interpretar el corto papel de *El chacal* en *Corazón Bandolero*. [...] Pero al notar el director Rafael J. Sevilla que en Emilio tenía un actor de fuste, alteró el libreto y prolongó la parte, al grado de que la convirtió en una de las principales...».

— *Cruz Diablo* (1934), de Fernando Fuentes (con Ramón Pereda y Lupita Gallardo). El *Indio* iba ganando en protagonismo gracias a interpretaciones secundarias como la del bandolero Toparca en este filme.

— *Tribu* (1934), de Miguel Contreras Torres (con Medea de Novara y Contreras Torres). Cada vez estaba más próximo a los papeles principales de reparto, apareciendo en esta ocasión en un dignísimo sexto lugar en los créditos.

— *Janitzio* (1934), de Carlos Navarro (con María Teresa Orozco). Por fin llegó la primera oportunidad de encarnar un personaje protagonista, el del indio Zirahuen. Según el crítico Carlos Monsiváis, con este filme se inicia «el forcejeo erótico (de Fernández) con las tradiciones. El personaje sacrificial que interpreta es el antecedente de Lorenzo Rafail en *María Candelaria* y es el perfil hierático que anticipa una caída de estatuas móviles y simbólicas. Gracias a *Janitzio* el *Indio* descubre la estética mexicana: la conquista de la Naturaleza por la fotografía, la doma del ser humano por la tragedia».

El éxito de *Janitzio* y la interpretación estelar de sus protagonistas no dispensaron a Emilio de los papeles secundarios. En su destino no estaba prevista la encarnación de personajes principales, la fama y el reconocimiento le habrían de llegar por otras vías. Su instinto, cómplice de sus designios, ya empezaba a conducirle por nuevos derroteros. A partir de 1935 se harían públicas sus pretensiones como argumentista. No tendría eco inmediato, aunque sí lo suficiente como para que algunos directores se convencieran de su talento adaptando novelas o escribiendo argumentos.

— *Martín Garatuza* (1935), de Gabriel Soria (con Leopoldo Ortín). Fernández experimentó un vertiginoso descenso en la clasificación del reparto, superando en esa ocasión el vigésimo puesto.

— *María Elena* (1935), de Raphael J. Sevilla (con Carmen Guerrero, Juan José Martínez Casado y Pedro Armendáriz). En este melodrama de pescadores toda la participación del *Indio* consistió en bailar una bamba. Sin embargo, no pasó inadvertido. Según escribió el periodista Cantú Robert: «Se nos dice que durante la toma de una escena [...] en donde toma parte la guapísima *vedette* Amparo Arozamena, y en la que también participa el *Indio* Fernández, hubo necesidad de llamar a este último la atención por la realidad tan pasmosa que daba a sus escenas, de las que Amparo salió un poco averiada...».

— *Los muertos hablan* (1935), de Gabriel Soria (con Julián Soler). Primera adaptación cinematográfica de Emilio, aunque en los créditos, parece que por desavenencias personales, Soria hizo firmar a Roberto O'Quigley como adaptador de esta historia de Pedro Zapiáin García.

— *Celos* (1935), de Arcady Boytler (con Fernando Soler, Vilma Vidal y Arturo de Córdova); aquí recuperó posiciones remontando hasta el cuarto lugar.

— *Mater nostra* (1936), de Gabriel Soria (con Esperanza Iris). El *Indio* trabajó como anotador y escribió el argumento del filme junto a Vicente Oroná.

— *Mariguana* (1936), de José Bohr (con José Bohr y Lupita Tovar).

— *Las mujeres mandan* (1936), de Fernando Fuentes (con Alfredo Diestro y Marina Tamayo). De nuevo una aparición fugaz como bailarín.

— *Cielito lindo* (1936), de Roberto O'Quigley (con Pepe Ortiz, Lupita Gallardo y Arturo de Córdova). Emilio trabajó como asistente de dirección.

— *Allá en el Rancho Grande* (1936), de Fernando de Fuentes (con Tito Guisar y Esther Fernández). Fernando Fuentes vuelve a convocarlo únicamente para bailar un jarabe.

— *El superloco* (1936), de Juan José Segura (con Leopoldo Ortín).

— *El impostor* (1936), de David Kirkland (con Juan José Martínez Casado y Raúl de Anda). Basada en la obra teatral de Rodolfo Usigli.

— *Las cuatro milpas* (1937), de Ramón Pereda (con Adriana Lamar y Ramón Pereda), fue un melodrama ranchero en el que Emilio Fernández sólo figuró como décimo del reparto.

— *Almas rebeldes* (1937), de Alejandro Galindo (con Nancy Torres y Raúl de Anda). Fernández tuvo una medianamente discreta intervención como villano.

— *Adiós Nicanor* (1937), de Rafael E. Porras (con Elvira Salcedo, Carmen Molina y Ernesto Cortázar). Tras frustrados intentos por vender un argumento original, escrito íntegramente por él, lo consiguió en esta ocasión; en la que, además, interpretó el papel estelar. El argumento es una enrevesada historia de machos y celos.

Tampoco bastó *Adiós Nicanor* para evitar que los cineastas únicamente consideraran al *Indio* para papeles secundarios, y lo mejor que conseguía eran los cada vez más satisfactorios y educativos trabajos como asistente de dirección —como sucede en su próximo filme, *Abnegación*— o como realizador de guiones y adaptaciones argumentales.

— *Abnegación* (1937), de Rafael E. Porras (con Virginia Fábregas y Fernando Soler).

— *Aquí llegó el valentón* o *El fanfarrón* (1938), de Fernando A. Rivero (con Jorge Negrete). En este melodrama gozó de un cierto protagonismo encarnando a una especie de Robin Hood, un bandido que robaba pulque para que los jornaleros no se emborracharan. Competía en atractivo con el recién debutado galán protagonista.

— *Juan sin miedo* (1938), de Juan José Segura (con Juan Silveti y Jorge Negrete). Otro melodrama ranchero cuya adaptación fue realizada por Emilio y Fernando A. Rivero, en base a un argumento de Adolfo León Osorio. Además, el *Indio* interpretó un personaje de una relevancia nada despreciable.

— *El señor alcalde* (1938), de Gilberto Martínez Solares (con Domingo Soler y Andrea Palma), fue otro arreglo argumental de Emilio Fernández, del cuento *El alcalde Lagos,* de Jorge Ferretis, que quedó convertido en un melodrama costumbrista.

En 1938 le golpeó una de las mayores decepciones de su vida. Emilio denunció que los hermanos Chano y Margarita Urueta le habían robado una idea original para el guión de *Hombres del Mar,* en principio, el que escribió para la que años más tarde se convertiría en su primer trabajo de dirección: *La isla de la Pasión.* Ciertamente, ambos melodramas tienen puntos comunes pero nos inquieta que la queja del *Indio* sobre el plagio llegara una semana después del estreno de los *Hombres del Mar,* cuando el filme ya se había revelado como un éxito de taquilla sin precedentes. El tema resulta aún más truculento si tenemos en cuenta la animadversión que el *Indio* sentía hacia Urueta: «Chano está loco y sus embustes no me cuadran», decía; lo cual no impidió que volvieran a trabajar juntos.

En cuanto a su carrera de actor, había quedado encasillada para desempeñar papeles de villanos en los melodramas rancheros y de 1939 lo más importante a destacar es que le permitió profundizar en una de las temáticas que más le apasionaban: la Revolución.

— *Con los Dorados de Villa* (1939), de Raúl de Anda (con Domingo Soler, Pedro Armendáriz, Susana Cora y Lucha Reyes), es un filme enteramente escrito por Fernández y por su director.

— *Hombres del aire* (1939), de Gilberto Martínez Solares (con Ramón Vallarino, Alma Lorena y David Silva). Emilio trabajó en el ajuste de un argumento de Roberto P. Mijares.

— *Los de abajo* (1939), de Chano Urueta (con Miguel Ángel Férriz, Esther Fernández, Carlos López Moctezuma e Isabel Corona). A pesar de ser una película revolucionaria, Emilio se sintió frustrado al verse nuevamente relegado a un pequeño papel; sobre todo siendo Urueta el responsable de ello.

En un artículo publicado por el diario *Esto*, Roberto Blanco Moheno contó una anécdota que tuvo lugar durante el rodaje de esta película: «El *Indio* sufre un accidente. Cae de un caballo, se lastima una pierna, sangra de la cara. Chano Urueta, el director, va a ayudarlo a levantarse. El *Indio*, olvidándose del dolor físico, le dice: *Quién pudiera ser como tú, Chano, dirigir una película tan mexicana como esta...*». Quedaban confesados los sueños y pasiones de Emilio Fernández.

— *El Charro Negro* (1940), de Raúl de Anda.

— *El zorro de Jalisco* (1940), de José Benavides Jr. (con Pedro Armendáriz).

— *Rancho Alegre* (1940), de Rolando Aguilar (con Raúl de Anda).

Aquí finaliza su primera etapa de colaboraciones cinematográficas para otros directores. Ya en 1941 consiguió dirigir su primer filme, *La isla de la Pasión*; y podemos decir que, salvo dos excepciones que enunciamos a continuación, desde entonces Emilio se dedicó por entero a su nuevo rol de director durante los próximos doce años.

— *Entre hermanos* (1945), de Carlos Velo (con Ramón Peón, Pedro Armendáriz y Carmen Montejo). Emilio trabajó con el di-

rector y Mauricio Magdaleno en la adaptación de este drama ex-
traído de la novela homónima de Federico Gamboa. Magdaleno tiene algo que matizar al respecto: «Pese a que en el crédito aparece
como de Emilio Fernández (se refiere a la tarea de adaptación), él
sólo dio su nombre; yo llevé a cabo el trabajo.»

— *The Fugitive* (1946), de John Ford y Merian C. Cooper (con
Henry Fonda, Dolores del Río y Pedro Armendáriz). Fernández fue
el jefe de producción y codirector de esta cinta que culminó con el
sueño de trabajar junto a uno de sus directores más admirados desde sus comienzos en el cine.

Estamos en 1957 y empieza una segunda época de trabajos su-
bordinados, tanto o más extensa que la primera y sin duda mucho
más decepcionante, pues ahora el *Indio* no camina hacia delante sino
que sufre un importante e irreversible receso como director, lo que
le afligirá hondamente.

Ismael Rodríguez le propuso retomar la carrera de actor, inte-
rrumpida en 1953, tras el rodaje de *Flor Silvestre*, y lo hizo ten-
tándole con una superproducción en color de tintes revolucionarios que protagonizaría junto a la admirada María Félix y a Dolores
del Río.

— *La Cucaracha* (1958), de Ismael Rodríguez (con María Félix,
Dolores del Río y Pedro Armendáriz). Emilio Fernández sería el galán disputado por ambas divas, las glorias del cine nacional. Dolores
del Río, de modales refinados y principescos, y María Félix, actriz
enérgica, arrogante y mandona; convertidas en Isabel, una burgue-
sa obligada a unirse al grupo de revolucionarios, y en la Cucaracha,
una valiente *soldadera* que capitanea un grupo de mujeres armadas.

Ismael Rodríguez fue acusado de hacer demasiadas concesiones
a las estrellas. El director se defendió de la siguiente manera:
«¡Concesiones! ¿Que hice concesiones? Mire, quisiera ver no a Griffith,
o a Fritz Lang, o a Kurosawa, no; ¡quisiera ver a Dios dirigiendo a
Dolores del Río y a María Félix juntas, a ver qué podía hacer! Y todavía dicen que hice concesiones. Reto al más salsa a que pase esa
prueba; porque a ellas debe agregar usted a Emilio Fernández y a

Pedro Armendáriz; mezcle todos esos elementos y sale... una antología del miedo.» «Es inimaginable lo que sufrí en *La Cucaracha* con gente tan temperamental. Estaban María Félix, Dolores del Río, Emilio Fernández, Pedro Armendáriz, Tony Aguilar, Flor Silvestre, cada quien cuidando lo suyo; bueno, no creo que ningún director en el mundo haya tenido una experiencia así.»

Todas las producciones mexicanas eran una continuidad del trabajo de Emilio Fernández, pero éste seguía sin poder dirigir y, tras *La Cucaracha*, ningún otro realizador se interesó por él para ofrecerle papel alguno; claro que el *Indio* ya había entrado en la cincuentena y no quedaba rastro del hombre escultural y atractivo que vimos en *Janitzio*.

Tuvo que ser el director norteamericano John Huston quien le rescatara de la tediosa y desesperante inactividad para devolverle al frenesí hollywoodense.

— *El fugitivo* o *The unforgiven* (1959), de John Huston (con Burt Lancaster y Audrey Hepburn). Este *western* contó con Emilio Fernández como codirector teórico, trabajo que también realizó en el siguiente filme del mismo género que, por cierto, se pondrá de moda, no sólo en Estados Unidos, sino también en Europa, colmando infinidad de metros de película en los próximos años.

— *Los siete magníficos* o *The Magnificent Seven* (1960), de John Sturges (con Yul Brynner, Steve McQueen, James Coburn, Charles Bronson, Eli Wallach, Jorge Martínez de Hoyos y Rosenda Monteros).

El ocaso del cineasta azteca era cada vez más agudo e insoportable. Su hija Adela describe la alarmante situación que está transformando a su padre en un «ser impío, inhumano y déspota. [...] Desde entonces erradicó de sí la compasión y no solamente dejó de tener piedad con los demás, sino incluso consigo mismo. [...] En momentos de malestar o hambre, le aterra la ternura y desprecia todo tipo de sentimentalismo. Conforme más envejece mayor es su hostilidad».

Emilio quiere dirigir y volverá a hacerlo, pero no alcanzará ninguna gloria que le permita recuperar sus años de heroísmo cinematográfico. *Pueblito* (1961), *Paloma Herida* (1962), *Un dorado de Pancho Villa* (1966), *El crepúsculo de un dios* (1968), *La Choca* (1973), *Zona roja* (1975), *México Norte* (1977) y *Erótico* (1978) conformarán toda su filmografía como realizador en los últimos veinticinco años de su vida; una cifra irrisoria para un talento que filmó treinta y tres películas propias en los quince años que duró su mandato como máximo exponente de la industria mexicana.

— *Los Hermanos del Hierro* (1961), de Ismael Rodríguez (con Columba Domínguez y Pedro Armendáriz). De nuevo Rodríguez se compadece de Fernández, ofreciéndole un papel en este *western* que resultó alabado por la crítica.

— *La Bandida* (1962), de Roberto Rodríguez (con María Félix, Pedro Armendáriz e Ignacio López Tarso). Emilio aparecía cuarto en el elenco crediticio de un melodrama revolucionario que para la crítica resultó «un desafortunado melodrama en lo que lo siniestro se da la mano con lo grotesco». Era demasiado para Fernández, entregado a unos ideales de machismo revolucionario con los que como realizador alcanzó los más distinguidos elogios.

— *El revólver sangriento* (1963), de Miguel M. Delgado (con Luis Aguilar, Lola Beltrán, Flor Silvestre, Manuel Capetillo, Antonio Aguilar, Irma Dorantes, René Cardona y David Silva). Otro *western* mexicano con la participación de Fernández en cuarta posición del reparto.

— *La noche de la iguana* o *The Night of the Iguana* (1964), de John Huston (con Richard Burton, Deborah Kerr, Ava Gardner y Sue Lyon), es un filme basado en una obra teatral de Tennessee Williams, titulada *El Indio*, en la que Emilio quedó postergado a un papel menudo y de mala muerte.

La crisis individual del *Indio* coincide con un aprieto global de la industria mexicana del celuloide. El olvidado director conocía los motivos de la adversidad: «El cine ha degenerado. Está en manos de mercenarios y comerciantes. Piensan sólo en la manera más fácil de ganar dinero, y el medio de expresión más rico que se conoce se está pudriendo. Lo más triste del caso es que los gobiernos del mundo no se dan cuenta de su responsabilidad para con este medio de expresión que tanto puede beneficiar a los pueblos.»

El furor del *western* también hizo mella en México y los realizadores aún encontraban en el *Indio* un buen perfil para representar el valor y la violencia que caracterizan el género. ¿Cuántas veces le vimos vestido de negro, con su sombrero, el sarape y la mirada de quien lleva en su conciencia la carga de terribles atrocidades?

— *Mayor Dundee* o *Major Dundee* (1964), de Sam Peckinpah (con Charlton Heston), fue el debut del *Indio* trabajando junto a este director norteamericano que, tras esta codirección conjunta, le ofrecerá varios papeles gracias a los que pudo seguir tirando.

— *Los hermanos muerte* (1964), de Rafael Baledón (con Lola Beltrán, Luis Aguilar, Javier Solís y Fernando Soler), fue una de las pocas satisfacciones que tuvo Emilio en estos años. Protagonizó esta película imprimiendo a su personaje todos y cada uno de sus ideales, lo que le permitió reencontrarse consigo mismo.

— *Yo, el valiente* (1964), de Alfonso Corone Blake (con Julio Alemán, Begoña Palacios y José Elías Moreno). Otro *western* en el que Emilio se posicionaba entre Palacios y Moreno.

— *La recta final* (1964), de Carlos Enrique Taboada (con Lilia del Valle, Carmen Montejo, Armando Silvestre, Elsa Cárdenas y David Silva). El *Indio* se vio vestido de charro en el ambiente descontextualizado del mundo hípico, pero al menos mantenía la racha de estar entre los puestos que ocupaban los protagonistas.

— *Un callejón sin salida* (1964), de Rafael Baledón (con Javier Solís, Alberto Vázquez, Sonia López, Lucha Villa y Manolo Muñoz). Con este filme Fernández concluía tan fructífero año, aunque la racha interpretativa en *westerns* no concluía aquí, sucediéndose uno tras otro durante 1965.

— *El precio de una cabeza* o *The Reward* (1965), de Serge Bourgignon (con Max von Sydow, Yvette Mimieux, Efrén Zimbalist Jr., y Gilbert Roland).

— *Duelo de pistoleros* (1965), de Miguel M. Delgado (con Luis Aguilar, Daría González, Manuel Capetillo, Fernando Casanova, Irma Dorantes, Armando Silvestre, Columba Domínguez, David Silva y Carlos Rivas).

— *La conquista de El Dorado* (1965), de Rafael Portillo (con Fernando Casanova, Armando Silvestre, Roberto Cañedo, Roberto G. Rivera, María Duval, Irma Serrano, Javier Solís y Manuel Capetillo), con el rostro protagonista de Emilio Fernández encabezando el reparto, encarnando a un malhechor salvado por el amor filial.

— *Un tipo difícil de matar* (1965), de Rafael Portillo (con Fernando Casanova, Juli Edwards y Slim Pickens).

— *Los malvados* (1965), de Corona Blake (con Manuel Capetillo, Eric del Castillo e Irma Serrano). Otro *western* donde el *Indio* gozó del papel estelar.

— *The Appaloosa* (1966), de Sydney J. Furie (con Marlon Brando y John Saxon).

— *El regreso de los Siete Magníficos* o *Return of the Seven magnificients* (1966), de Burt Kennedy (con Yul Bryner).

— *Un Pacto con la muerte* o *A Covenant With Death* (1966), de Lamont Johnson (con George Maharis, Laura Devon, Katy Jurado, Gene Hackman y Wende Wagner).

— *Ataque al carro blindado* o *The War Wagon* (1966), de Burt Kennedy (con John Wayne, Kirk Douglas y Howard Keel).

— *El pistolero fantasma* o *The Ghost Riders* (1967), de Albert Zugsmith (con Troy Donahue, Billy Frick, Carlos Rivas, Elisabeth Campbell, Germán Robles, Pedro Armendáriz Jr. y Ana Martín).

— *El caudillo* (1967), de Alberto Mariscal (con Luis Aguilar, Rodolfo de Anda e Irma Serrano).

— *La Chamuscada* (1967), de Alberto Mariscal (con Luis Aguilar, Rodolfo de Anda e Irma Serrano). La particularidad de este y el anterior filme es que Emilio abandonaba el rol de villano miserable para dar vida a un personaje noble, el coronel zapatista Pascasio Vargas.

— *El Yaqui* o *El hijo del pueblo* (1968), de Arturo Martínez (con Julio Alemán, Lucha Villa, José Elías Moreno, Dagoberto Rodríguez y Juan Gallardo).

— *Duelo en El Dorado* (1968), de René Cardona (con Luis Aguilar, Lola Beltrán, *Tin Tan, Chabelo*, Roberto Cañedo, Roberto G. Rivera, Lupita Ferrer y Lila Prado).

— *Un toro me llama* (1968), de Miguel Ángel Mendoza (con Flor Procuna, Jean Brandt y Rick Kauffman).

— *Grupo salvaje* o *The Wild Bunch* (1968), de Sam Peckinpah (con Sonia Amelio y William Holden).

— *La sangre enemiga* (1969), de Rogelio A. González (con Mercedes Carreño, David Reynoso y Juan Miranda).

Por fin el cine se atreve a introducir algunas variaciones. Sin olvidar el *western*, los productores amplían la oferta haciendo comedias rurales, dramas políticos y *thrillers*. Emilio sigue trabajando como actor, compaginando sus compromisos con los realizadores norteamericanos y las exigencias de sus compatriotas.

El *Indio* también se aventura en el mundo de la televisión. Fue breve su incursión, se sintió como un intruso en un sector que siempre le inspiró desprecio. No obstante, el trabajo nunca se rechaza y por eso, en 1984, participó en la telenovela *La traición*, producida por Ernesto Alonso y dirigida por Raúl Araiza.

Las siguientes películas componen la variopinta recta final del actor, persistentemente presente en la pantalla hasta el momento de su muerte:

— *Indio* (1971), de Rodolfo de Anda (con Jorge Rivero, Mario Almeda, Jorge Russek y Pedro Armendáriz Jr.)

— *El rincón de las vírgenes* (1972), de Alberto Isaac (con Alfonso Arau).

— *Derecho de asilo* (1972), de Manuel Zeceña Diéguez (con Rossano Brazzi, Flor Procuna, Cameron Mitchell y Ricardo Blume).

— *Pat Garrett y Billy el Niño* o *Pat Garrett and Billy the Kid* (1972), de Sam Peckinpah (con James Coburn, Kris Kristofferson y Katy Jurado).

— *Quiero la cabeza de Alfredo García* o *Bring me the head of Alfredo García* (1973), de Sam Peckinpah (con Warren Oastes, Isela Vega, Gig Young y Chano Urueta).

— *Fuga suicida* o *Breakout* (1974), de Tom Gries (con Charles Bronson, Roberto Dubai y John Huston). Este interesante *thriller* está basado en un hecho real, la fuga de Kaplan, la terrible cárcel mexicana. Emilio interpretaba al director de la prisión.

— *Lucky Lady* (1975), de Stanley Domen (con Liza Minnelli, Burt Reynolds y Gene Hackman).

— *Las cabareteras* (1980), de Ícaro Cisneros (con Andrés García, Armando Silvestre, Lyn May, Beatriz Adriana y Ana Luisa Peluffo).

— *Una gallina muy ponedora* (1980), de Rafael Portillo (con Isela Vega y Andrés García).

— *Ahora mis pistolas hablan* (1980), de Fernández Orozco (con Felipe Arriaga, Beatriz Adriana y Aldo Sambrell).

— *Tras el horizonte azul* o *Mi abuelo, mi perro y yo* (1980), de Raúl Fernández (con Miguel Manzano, Rosa Gloria Chagoyán y Roberto Cañedo).

— *Mercenarios de la muerte* (1983), de Gregorio Casal (con Jaime Moreno, Armando Silvestre, Gregorio Casal y Tito Junco).

— *Las amantes del señor de la noche* (1983), de Isela Vega (con Isela Vega, Irma Serrano, Lilia Prado y Andrés García).

— *Under the Volcano* o *Bajo el volcán* (1983), de John Huston (con Albert Finney, Jacqueline Bisset, Anthony Andrews, Ignacio López Tarso, Katy Jurado y Hugo Stiglitz).

— *El tesoro del Amazonas* (1983), de René Cardona Jr. (con Stuart Whitman, Donald Pleasence, Bradford Dillman, Sonia Infante y Hugo Stiglitz).

— *Lola la trilera* (1983), de Raúl Fernández (con Rosa Gloria Chagoyán, Irma Serrano y Rolando Fernández).

— *El secuestro de Lola* o *Lola la trilera* (1986), de Raúl Fernández (con Rosa Gloria Chagoyán, Rodolfo Fernández, Isela Vega y Wolf Ruvinskis).

— *Arriba Michoacán* (1986), de Francisco Guerrero (con Ana Luisa Peluffo, Columba Domínguez y Stella Inda).

— *Cuando corrió el alazán* (1986), de Juan José Pérez Padilla (con María Teresa Sanders, María de Lourdes, Teresa Velásquez,

Manuel Capetillo, Hugo Stiglitz y Gregorio Casal). Éste fue el último trabajo para el cine de Emilo Fernández, donde encarnó a un jugador de cartas.

MARÍA CANDELARIA

Palma de Oro en el Festival de Cannes, Francia, por la Mejor Fotografía, 1946.
Premio Internacional de Fotografía en el Festival de Locarno, Suiza, 1946.

LAS ABANDONADAS

Ariel de Plata por la Mejor Actuación Femenina, 1946.

BUGAMBILIA

Ariel de Plata por el Mejor Vestuario, 1946.

ENAMORADA

Ariel de Plata por la Mejor Película, Mejor Dirección, Mejor Actuación Femenina, Mejor Papel Incidental Masculino, Mejor

Fotografía, Mejor Edición, Mejor Sonido y Mejor Trabajo de Laboratorio, 1947.

Premio Internacional de Fotografía en el Festival de Bruselas, Bélgica, 1947.

PEPITA JIMÉNEZ

Ariel de Plata por el Mejor Vestuario, 1947.

LA PERLA

Ariel de Plata por la Mejor Película, Mejor Dirección, Mejor Actuación Masculina, Mejor Papel de Cuadro Masculino y Mejor Fotografía, 1948.

Premio especial por la Mejor Contribución al Progreso Cinematográfico, en el Festival de Venecia, 1948.

Premio a la Mejor Fotografía en el Festival de Madrid, 1948.

Premio de los Corresponsales Extranjeros en Hollywood, por la Mejor Fotografía, 1948.

RÍO ESCONDIDO

Ariel de Plata por Mejor Película, Mejor Dirección, Mejor Actuación Masculina, Mejor Actuación Femenina, Mejor Actuación Infantil, Mejor Argumento Original, Mejor Fotografía, Mejor Música de Fondo y Mejor Película de Mayor Interés Nacional, 1949.

Premio Internacional de Fotografía en el Festival Karlovy Vary, Checoslovaquia 1948.

MACLOVIA

Ariel de Plata por la Mejor Coactuación Femenina y Mejor Papel de Cuadro Masculino, 1949.

Premio especial a los técnicos que intervinieron en la filmación, otorgado por el Comité Nacional de Trabajadores Cinematográficos de Bélgica, 1949.

Premio Internacional de Fotografía en el Festival Karlovy Vary, Checoslovaquia, 1949.

PUEBLERINA

Ariel de Plata por la Mejor Actuación Masculina, Mejor Fotografía y Mejor Música de Fondo, 1950.

Premio Internacional de Fotografía en el Festival Karlovy Vary, Checoslovaquia, 1950.

Premio de Fotografía en el Festival de Madrid, 1950.

SALÓN MÉXICO

Ariel de Plata por la Mejor Actuación Femenina, 1950.

Premio de Fotografía en el Festival de Bélgica, 1949.

LA RED

Premio especial por la Historia Mejor Narrada en Imágenes, Festival de Cannes, 1949.

LA REBELIÓN DE LOS COLGADOS

Ariel de Plata por la Mejor Coactuación Femenina, Mejor Papel de Cuadro Masculino, Mejor Edición y Mejor Sonido, 1955.

PUEBLITO

Premio La Perla del Cantábrico por la Mejor Película en Español en el Festival de San Sebastián, España, 1962.

LA CHOCA

Ariel de Plata por la Mejor Película, Mejor Dirección, Mejor Actuación Femenina, Mejor Coactuación Femenina, Mejor Fotografía y Mejor Edición, 1975.

Premio a la Mejor Dirección en el Festival Karlovy Vary, Checoslovaquia, 1975.

Filmografía de Emilio Fernánde

LA ISLA DE LA PASIÓN (CLIPPERTON) (1941)

Producción: EMA (España, México, Argentina), general Jaun F. Azcárate.

Gerente de producción: Manuel Sereijo.

Dirección: Emilio Fernández.

Asistente: Carlos L. Cabello.

Fotografía: Jack Dsraper.

Operadores de cámara: Jorge Stahl Jr. y Agustín Jiménez.

Música: Francisco Domínguez.

Canciones: Francisco Domínguez (*Ave María*), Marcos Jiménez (*Adiós, Mariquita linda*) y Rodolfo Meniolea.

Sonido: Ismael Rodríguez.

Escenografía: Manuel Fontanals y Javier Torres Torija.

Maquillaje: Enrique Hutchinson.

Edición: Charles L. Kimball.

Duración: 110 minutos.

Intérpretes: Pituka de Foronda (María), David Silva (Julio Santos), Isabela Corona (Lolia), Miguel Ángel Férriz (capitán Miguel Allende); Pedro Armendáriz (Toro), Carlos López Chafán (El Caimán), Antonio Bravo (doctor), Chela Campos (Coquito), Mario Gil (Juanito, *El Chamaco),* Margarita Cortés (La Carabina), Miguel Inclán (sargento), Julio Villarreal (don Guillermo), Emilio Fernández (capitán del barco), Arturo Soto Rangel (pescador), Max Langler (cabo), Fernando Fernández (cantante), Agustín Fernández (Panchito), Rogelio Fernández, Manuel Pozo (coronel), Eva Briseño, Elda Loza y Josefina del Rey.

Sinopsis: En1909 un destacamento de soldados mexicanos, con el capitán Allende al mando, es enviado a la isla Clipperton (o de la Pasión). Desconocedores del reciente estallido de la revolución en su país y de la cesión de la isla que ocupan a Francia, defenderán heroicamente su porción de tierra de los galos hasta la muerte del último de sus hombres.

SOY PURO MEXICANO (1942)

Producción: Raúl de Anda.
Jefe de Producción: Enrique Morfín.
Dirección: Emilio Fernández.
Asistente: Luis Abadie.
Argumento: Emilio Fernández.
Adaptación: Roberto O'Quigley.
Fotografía: Jack Draper.
Operadores de cámara: Jorge Stahl, Jr. y Andrés Torres.

Música: Francisco Domínguez.
Canciones: Pedro Galindo.
Letras: Ernesto Cortázar.
Baile español: Antonio Díaz Conde.
Sonido: B. J. Kroger.
Escenografía: Jesús Bracho.
Edición: José Bustos.
Duración: 125 minutos.

Intérpretes: Pedro Arméndariz (Lupe Padilla), David Silva (Juan Fernández), Raquel Rojas, Charles Rooner (Rudolph Hermann von Ricker), Andrés Soler (Osoruki Kamasuri), Miguel Inclán (Pedro), Armando Soto La Marina *El Chicote* (Ángel), Alfonso Bedoya (Tomás), Margarita Cortés (Conchita), Concha Sáenz (madres de Conchita), Antonio Bravo (agente x-32), Alfredo Varela y Jr. (fotógrafo), Pedro Galindo, Abelardo Gutiérrez y Rogelio Fernández (bandidos), Egon P. Zappert, Stephen Berne y Marx Langler (espías), Alejandro Cobo (contraespía), Pedro Vargas (cantante).

Sinopsis: En una hacienda se ocultan un espía alemán, un italiano y un japonés, y dos contraespías: la bailarina texana Raquel y el español x-32. También llegará buscando un escondite seguro el bandido jalisciense Lupe, que a duras penas ha escapado de un fusilamiento. Al cabo de muchos incidentes, Lupe derrota a los miembros del Eje y huye con sus hombres. Raquel muere en brazos de su novio, el periodista Juan.

FLOR SILVESTRE (1943)

Producción: Films Mundiales, Agustín J. Fink.
Productor asociado y supervisor: Emilio Gómez Mueriel.
Jefe de producción: Armando Espinosa.
Dirección: Emilio Fernández.
Asistente: Felipe Palomino.
Argumento: Sobre la novela *Sucedió ayer,* de Fernando Robles.
Adaptación: Emilio Fernández y Mauricio Magdaleno.
Fotografía: Gabriel Figueroa.
Operador de cámara: Domingo Carrillo.
Música: Francisco Domínguez.
Canciones: Cuates Castilla (*Flor silvestre*), Pedro Galindo (*El herradero*), anónimo (*El hijo desobediente*).
Solos de guitarra: Antonio Bribiesca.
Sonido: Howard Randall, Fernando Barrera y Manuel Espadón.
Escenografía: Jorge Fernández.
Vestuario: Armando Valdés Peza.
Maquillaje: Ana Guerrero.
Edición: Jorge Bustos.
Duración: 94 minutos.

Intérpretes: Dolores del Río (Esperanza), Pedro Armendáriz (José Luis Castro), Miguel Ángel Férriz (don Francisco), Mimí Derba (doña Clara), Eduardo Arozamena (Melchor), Agustín Isunza (Nicanor), Armando Soto La Marina *El Chicote* (Reynaldo), Margarita Cortés (hermana de José Luis) Emilio Fernández (Rogelio Torres), Manuel Dondé (Úrsulo Torres), Salvador Quiroz (coronel Rubén Peña y Berlanga), José Elías Moreno (coronel Pánfilo Rodríguez, primo de Esperanza), Carlos Riquelme (cura), Raúl Guerrero (asistente de Úrsulo), Alfonso Bedoya (teniente de Rogelio), Hernán Vera (herrero), Pedro Galindo (Pedro), Tito Novaro (hijo de Esperanza), Trío Calaveras, Lucha Reyes.

Sinopsis: En el pueblo de Bajío, la campesina Esperanza y el hacendado José Luis, hijo de don Francisco, se casan en el más absoluto de los secretos. Contrariado por la boda y porque su hijo es un revolucionario, don Francisco echa a su vástago José Luis de su hogar. Al finalizar la Revolución la pareja vivirá feliz hasta que unos falsos revolucionarios, los hermanos Torres, secuestran a Esperanza y a su hijo. Cuando José Luis intenta liberar a su familia, muere fusilado.

MARÍA CANDELARIA (XOCHIMILCO) (1943)

Producción: Films Mundiales, Agustín J. Fink.
Productor asociado: Felipe Subervielle.
Jefe de Pproducción: Armando Espinosa.
Dirección: Emilio Fernández.
Argumento: Emilio Fernández.
Adaptación: Emilio Fernández y Mauricio Magdaleno.
Fotografía: Gabriel Figueroa.
Operador de cámara: Domingo Carrillo.
Música: Francisco Domínguez.
Sonido: Howard Randall, Jesús González Gancy y Manuel Esperón.
Escenografía: Jorge Fernández.
Vestuario: Armando Valdés Peza.
Maquillaje: Ana Guerrero.
Edición: Gloria Schoermann.
Duración: 101 minutos.

Filmada a partir del 15 de agosto de 1943 en los estudios CLASA.
Estrenada el 20 de enero de 1944 en el cine Palacio.

Intérpretes: Dolores del Río (María Candelaria), Pedro Armendáriz (Lorenzo Rafael), Alberto Galán (pintor), Margarita Cortés (Lupe), Miguel Inclán (cura), Arturo Soto Rangel (doctor), Julio Ahuer (José Alfonso), Lupe del Castillo (huesera), Lupe Inclán (chismosa), Salvador Quiroz (juez), José Torvay (policía), David Valle González (secretario del Juzgado), Nieves, Elda Loza y Lupe Garnica (modelos), Enrique Zambrano (médico), Alfonso Jiménez Kilómetro, Irma Torres.

Sinopsis: Una pareja de indios enamorados de Xochimilco desean casarse por encima de todas las cosas. Ella, María Candelaria, enferma de paludismo, y él, Lorenzo Rafael, debe robar quinina en la tienda del vil don Damián para aliviar el dolor de su enamorada. Pero don Damián desea ardientemente a la mujer y al descubrir a Lorenzo Rafael ejecutando el hurto, hace que le encarcelen. Acto seguido se difundirá el falso rumor de que María ha posado desnuda para un pintor y morirá deshonrada y apedreada a manos de los lugareños ofendidos.

LAS ABANDONADAS (1944)

Producción: Films Mundiales, Felipe Subervielle.
Jefe de producción: Armando Espinosa.
Dirección: Emilio Fernández.
Asistente: Felipe Palomino.
Argumento: Emilio Fernández.

Adaptación: Emilio Fernández y Mauricio Magdaleno.

Fotografía: Gabriel Figueroa.

Operador de cámara: Domingo Carrillo.

Música: Manuel Esperón.

Canciones: *La barca de oro*, corrido de Rosita Álvarez; cuplé de *La gatita blanca* y otras.

Sonido: Howard Randall, Jesús González Gancy y Manuel Esperón.

Escenografía: Manuel Fontanals.

Maquillaje: Ana Guerrero.

Edición: Gloria Schoemann.

Duración: 101 minutos.

Intérpretes: Dolores del Río (Margarita Pérez), Pedro Armendáriz (Juan Gómez), Víctor Junco (Julio Cortázar/Margarito), Paco Fuentes (juez), Arturo Soto Rangel (licenciado tartamudo), Lupe Inclá (Gualupita), Fanny Schiler (Ninón), Alfonso Bedoya (Gertrudis López, asistente), Maruja Grifell (francesa), Alejandro Cobo (policía), Armando Soto La Marina *El Chicote* (fotógrafo), José Elías Moreno (jurado), Josefina Romagnoli (Marta Ramírez), Jorge Landeta (Margarito, adolescente), Joaquín Roche, Jr. (Margarito, niño), Jorge Treviño (rielero), Fernando Fernández (oficial), Félix Medel (juez) José Torvay (vendedor de perros), Roberto Corell (camarero), Julio Ahuet, Charles Rooner, Lupe del Castillo, Lauro Benítez, Elba Álvarez, Juan García David Valle González, Raquel Echeverría, Trío Calaveras, Chagua Rolón, Ballet de Waldeen, Mariachi Vargas.

Sinopsis: Margarita tiene un hijo con un falso general de la Revolución. Juan, en realidad un forajido miembro de *la banda del automóvil gris*, es detenido y asesinado cuando trataba de huir. Margarita da con sus huesos en la cárcel al ser tomada por su cómplice. Después de ocho años en prisión, durante los cuales su hijo se criará en la frialdad de un orfanato, ella se ve en la obligación de prostituirse para poder pagarle una buena educación. Él, ajeno a la identidad de su madre, se convertirá en un brillante abogado, defensor de prostitutas.

BUGAMBILIA (1944)

Producción: Films Mundiales, Felipe Subervielle.
Jefe de producción: Armando Espinosa.
Dirección: Emilio Fernández.
Asistente: Zacarías Gómez Urquiza.
Argumento: Emilio Fernández.
Adaptación: Emilio Fernández y Mauricio Magdaleno.
Fotografía: Gabriel Figueroa.
Operador de cámara: Domingo Carrillo.
Efectos especiales: Max de la Vega.
Música: Raúl Lavista, con temas de Schubert, Chopin y Liszt.
Sonido: Howard Randall, Jesús González Gancy y Manuel Esperón.
Escenografía: Manuel Fontanals, con la colaboración de Estrella Boissevain.
Vestuario: Royer.
Maquillaje: Ana Guerrero.
Edición: Gloria Schoemann.
Duración: 105 minutos.

Intérpretes: Dolores del Río (Amalia de los Robles), Pedro Armendáriz (Ricardo Rojas), Julio Villarreal (don Fernando), Alberto Galán (Luis Felipe), Stella Inda (Zarca), Paco Fuentes (don Enrique, juez), Arturo Soto Rangel (cura), Elba Álvarez (Mercedes), Concha Sáenz (nana Nicanora), Maruja Grifell

(Matilde, chismosa), Roberto Cañedo (Alberto), Víctor Velázquez (fiscal), Lupe del Castillo (Rosenda), José Elías Moreno (socio de Ricardo), Hernán Vera (cantinero), Armando Velasco, Oscar Ramos, Juan Urban Remigio, Cynthia Boissevain.

Sinopsis: La joven Amalia, hija del rico propietario de una mina de Guanajuato, se enamora del capataz Ricardo. Éste matará a un hombre en duelo para defender el honor de la joven y se verá obligado a partir. Conseguirá hacerse rico al encontrar una mina de plata y proyecta su regreso para casarse con Amalia. Pero cuando vuelve, don Fernando, el padre de su amada, lo mata a tiros. Luego él se suicidará durante el juicio y Amalia se recluirá para siempre en su casa.

PEPITA JIMÉNEZ (1945)

Producción: Águila Films, Óscar Dancigers.
Productor asociado: Producciones Cafisa.
Gerente de producción: Federico Amérigo.
Jefe de producción: Luis Sánchez Tello.
Dirección: Emilio Fernández.
Asistente: Ignacio Villarreal.
Argumento: Sobre la novela de Juan Valera.
Adaptación: Emilio Fernández y Mauricio Magdaleno.
Asesor: Enrique Bohórquez y Bohórquez.
Fotografía: Alex Phillips.
Música: Antonio Díaz Conde.
Letras de las coplas andaluzas: Enrique Bohórquez y Bohórquez.

Sonido: Jesús González Gancy, Howard Randall y Manuel Esperón.

Escenografía: Javier Torres Torija y Manuel Fontanals.

Vestuario: Diseñado por Salvador Bartolozzi y ejecutado por María Enciso, José Padilla y Julián Borderas.

Maquillaje: Sara Mateos.

Edición: Gloria Schoemann.

Duración: 84 minutos.

Intérpretes: Rosita Díaz Gimeno (Pepita Jiménez), Ricardo Montalbán (Luis de Vargas), Fortunio Bonanova (Pedro), Consuelo Guerrero de Luna (Antonieta), Carlos Orellana (padre Belisario), Rafael Alcayde (conde), Julio Villarreal (tío cura), José Morcillo (Gumersindo), Antonio Bravo (poeta), Manuel Noriega (Ceferino, criado), Concha Sáenz (tía Casilda), Manuel Pozos (boticario), Luis Mussot (médico), Rafael Acevedo (primo Curro), Francisco Ledesma, Pepita Llaser, Emilio Benito, Niño de Caravaca, Pepe Badajoz, Jame Carbonell, Consuelo Monteagudo (tía Salvaora), Francisco Pando, Hernán Vera, Columba Domínguez.

Sinopsis: En la Andalucía del siglo XIX se celebra el banquete de la unión forzada entre el viejo y avaro Gumersindo y la joven Pepita. Afortunadamente, la providencia quiere que el marido muera sofocado durante el mismo festejo. De imediato, la hermosa viuda será simultáneamente pretendida por el hacendado Pedro y por un malvado conde. Pero de quien ella se enamora es de Luis, un seminarista que resulta ser el hijo de Pedro.

LA PERLA (LA PERLA DE LA PAZ) (1945)

Producción: Águila Films, Óscar Dancigers.
Gerente de producción: Federico Américo.
Jefe de producción: Alberto A. Ferrer.
Dirección: Emilio Fernández.
Asistente: Ignacio Villarreal.
Argumento: John Steinbeck.
Adaptación: Emilio Fernández, John Steinbech y Jackson Wagner.
Fotografía: Gabriel Figueroa.
Música: Antonio Díaz Conde.
Canciones: *El gusto* y *La bamba*, sones jarochos.
Sonido: James L. Fields, Nicolás de la Rosa y Galdino Sampeiro.
Escenografía: Javier Torres Torrijas.
Maquillaje: Armando Meyer.
Edición: Gloria Schoemann.
Duración: 87 minutos.

Intérpretes: Pedro Armendáriz (Quino), María Elena Marqués (Juana), Fernando Wagner (tratante), Gilberto González (esbirro), Charles Rooner (doctor), Juan García (esbirro), Alfonso Bedoya (compadre), Raúl Lechuga (otro cantante), Max Langler (campesino), Pepita Morillo, Enriqueta Reza, Beatriz Ramos, Luz Alba, Guillermo Calles, Victoria Sastre, Margarito Luna, Carlos Rodríguez, Andrés Huesca y sus Costeños, Irma Torres, Columba Domínguez.

Sinopsis: El pobre pescador Quino, que vive con su esposa Juana y su bebé, encuentra en el mar una enorme perla que despierta la codicia del pueblo y de dos extranjeros: un tratante y un doctor. Hartos de la persecución a la que se ven sometidos, Quino y Juana deciden deshacerse de la perla para así recuperar su pobreza y su felicidad.

ENAMORADA (1946)

Producción: Panamericana Films, Benito Alazraki.
Gerente de producción: Antonio de Salazar.
Jefe de producción: Armando Espinosa.
Dirección: Emilio Fernández.
Asistente: Zacaría Gómez Urquiza.
Argumento y adaptación: Íñigo de Martino, Benito Alazraki y Emilio Fernández.
Fotografía: Gabriel Figueroa.
Música: Eduardo Hernández Moncada.
Canciones: Pedro Galindo (*La malagueña*) y Franz Schubert (*Ave María*).
Sonido: José B. Carles.
Escenografía: Manuel Fontanals.
Vestuario: Sobre diseños de Armando Valdés Peza y X. Peña.
Maquillaje: Sara Mateos.
Edición: Gloria Schoemann.
Duración: 99 minutos.

Intérpretes: María Félix (Beatriz Peñafiel), Pedro Armendáriz (general José Juan Reyes), Fernando Fernández (padre Rafael Sierra), José Morcillo (don Carlos Peñafiel), Eduardo Arozamena (mayor Joaquín Gómez), Mingles Inclán (capitán Bocanegra), Manuel Dondé (Fidel Bernal), Eugenio Rossi (Eduardo Robert), Norma Hill (Rosa de Bernal), Juan García (capitán Quiñónez), José Torvay (maestro Apolonio Sánchez), Pascual García Peña (demagogo), Arturo Soto Rangel (juez), Enriqueta Reza (Manuela), Rogelio Fernández (Rogelio), Guillermo Crámer, niña Beatriz Germán Fuentes (Adelita), Trío Calaveras, Coro Infantil de la Catedral de Morelia.

Sinopsis: La tropa zapatista del general José Juan Reyes toma Cholula, residencia de la guapa Beatriz Peñafiel, quien se afana en preparar su boda con un apuesto americano. Mientras espera la llagada de su prometido, Beatriz se cruza con el general Reyes. A partir de entonces comienza una persecución implacable, a la que ella responde con arriesgadas ofensas. José Juan lo prueba todo sin éxito: le ronda con serenatas y le pide perdón por sus atrevimientos, pero no recibe esperanza de perdón ni signo alguno de amor. El tiempo apremia, el americano regresa y los zapatistas tienen que abandonar Cholula para no tener un enfrentamiento con los federales.

El día de la boda, cuando Beatriz está a punto de dar el «sí quiero», ve marchar al general. En ese momento reacciona y, disculpándose con su padre y con su novio, corre a reunirse con el revolucionario.

RÍO ESCONDIDO (1947)

Producción: Raúl de Anda.
Jefe de producción: Enrique L. Martín.
Dirección: Emilio Fernández.
Asistente: Carlos L. Cabello.
Argumento: Emilio Fernández.
Adaptación: Mauricio Magdaleno.
Fotografía: Gabriel Figueroa.
Música: Francisco Domínguez, con el concurso del Coro de Madrigalistas dirigido por Luis Sandi.
Sonido: Eduardo Fernández.
Escenografía: Manuel Fontanals.
Maquillaje: Armando Méyer.
Edición: Gloria Schoemann.
Duración: 96 minutos.

Intérpretes: María Félix (Rosaura Salazar), Domingo Soler (cura), Carlos López Moctezuma (Regino Sandoval), Fernando Fernández (Felipe Navarro, pasante de medicina), Arturo Soto Rangel (médico don Felipe), Eduardo Arozamena (Marcelino, viejo campesino), Columba Domínguez (Merceditas), Juan García, Manuel Dondé (El Rengo), Carlos Múzquiz (Leonardo), Agustín Isunza (Brígido), Roberto Cañedo (ayudante de la presidencia), Lupe del Castillo, niña María Germán Valdés, niño Jaime Jiménez Pons, voz de Manuel Bernal.

Sinopsis: El presidente de la República envía a la bella maestra rural Rosaura a enseñar al perjudicado pueblo de Río Escondido, oprimido por la tiranía del cacique Regino, que ha cerrado la escuela para convertirla en su establo particular.

Cuando Rosaura llega al pueblo, el cacique consiente en entregarle la escuela para que vuelva a abrirla. Cautivado con su hermosura, rechaza a la anterior maestra, convertida en su amante, para sustituirla por la recién llegada. Las negativas de Rosaura no hacen sino empeorar la situación de los aldeanos, pues Regino se desahoga con sus habitantes. Durante un período de sequía Regino no permitió que nadie cogiera el agua del aljibe, llegando a tirotear a un inocente y sediento niño por intentarlo. Los campesinos, indignados y hartos de tener que beber pulque, acorralan a Regino durante el velatorio del niño muerto. Regino escapa atemorizado y se emborracha para calmarse. Ebrio, intenta violar a Rosaura que lo mata a tiros. Ella, que padece del corazón, sufre un ataque cardíaco que la deja ciega. Aun así escribe un informe de todo lo sucedido para el presidente de la República y muere en la agonía y la tristeza de un pueblo apaleado.

MACLOVIA (1948)

Producción: Filmex, Gregorio Walerstein.
Jefe de producción: Alberto A. Ferrer.
Dirección: Emilio Fernández.
Guión: Mauricio Magdaleno.
Adaptación: Emilio Fernández.
Fotografía: Gabriel Figueroa.
Música: Antonio Díaz Conde.
Escenografía: Manuel Fontanals.
Duración: 100 minutos.

Intérpretes: María Félix (Maclovia), Pedro Armendáriz (José María), Carlos López Moctezuma (Genovevo de la Garza), Columba Domínguez (Sara), Arturo Soto Rangel (don Justo), Miguel Inclán (tata Macario), Roberto Cañedo, José Morcillo, Manuel Donde, Eduardo Arozamena, Ismael Pérez, José Torvay y Juan García.

Sinopsis: El pescador indígena José María y la criolla Maclovia, de Janitzio, deciden casarse a pesar de la oposición de Macario, padre de ella y jefe de los indios. Por si no tenían suficiente, llega un destacamento de federales que queda al mando del sargento Genovevo, acosador habitual de Maclovia. Ahora Genoveno tiene un poder inesperado.

Cuando por fin los enamorados consiguen el beneplácito de Macario y pasean libremente su amor en una canoa. Genovevo hunde la embarcación a tiros y se abalanza sobre Maclovia. José María, para defenderla, apuñala al asaltante por la espalda, lo que le costará una pena de veinticinco años de prisión. Una vez curado, el sargento ofrece a Maclovia la posibilidad de liberar a su amor si ella se entrega a él. Ella accede. El cabo Mendoza, otro indígena, libera a José María un poco antes de lo previsto, y éste llega a tiempo de evitar el sacrificio de su amada. Los hombres luchan y Genovevo cae al agua.

Aún tendrán que lidiar con los celos de Sara, una indígena enamorada de José María que, para desprestigiar a su competidora, difunde el rumor de que ésta ha intentado escapar con un forastero. El pueblo, muy contrariado por sus ancestrales tradiciones, los apedrea, pero son defendidos por el cabo Mendoza y sus hombres, y consiguen escapar para dar rienda suelta a su amor.

SALÓN MÉXICO (1948)

Producción: CLASA Films Mundiales, Salvador Elizondo.
Productor ejecutivo: Fernando Marco.
Jefe de producción: Alberto A. Ferrer.
Dirección: Emilio Fernández.
Asistente: Mauricio Magdaleno y Emilio Fernández.
Argumento: Emilio Fernández.
Adaptación: Mauricio Magdaleno.
Fotografía: Gabriel Figueroa
Música: Antonio Díaz Conde.
Canciones: *El caballito y la montura, Sopa de pichón, Meneíto, Almendra, Nereidas* y *Juárez no debía morir.*
Sonido: Rodolfo Solis y José de Pérez.
Escenografía: Jesús Bracho.
Maquillaje: Ana Guerrero.
Edición: Gloria Schoemman.
Duración: 95 minutos.

Intérpretes: Marga López (Mercedes López), Miguel Inclán (Lupe López), Rodolfo Acosta (Paco), Roberto Cañedo (Roberto), Mimí Derba (directora), Carlos Múzquiz (patrón), Fanny Schiller (prefecta), Estela Matute (cabaretera), Silvia Derbez (Beatriz), José Torvay (policía sordo), Maruja Grifell (profesora), Hernán Vera (cuidador del hotel), Humberto Rodríguez (velador), Luis Aceves Castañeda (ladrón), Francisco Reiguera (ladrón), Zoila Esperanza Rojas, Son Clave de Oro.

Sinopsis: Mercedes trabaja como cabaretera en el Salón México para pagar los caros estudios de su hermana pequeña Beatriz, en un colegio para señoritas. Ésta no sospecha cuál es la profesión de Mercedes y fantasea con casarse con el hijo de la directora del colegio, Roberto, un piloto del Escuadrón 201. Beatriz vive completamente ajena a los problemas que su hermana tiene con Paco, su explotador.

PUEBLERINA (1948)

Producción: Films-Producciones Reforma, Óscar Dancigers y Jaime A. Menasce.
Gerente de producción: Antonio de Salazar.
Jefe de producción: Alberto A. Ferrer.
Dirección: Emilio Fernández.
Asistente: Felipe Palomino.
Argumento: Emilio Fernández.
Adaptación: Mauricio Magdaleno.
Fotografía: Gabriel Figueroa.

DUELO EN LAS MONTAÑAS (1949)

Producción: CLASA Films Mundiales, Salvador Elizondo.
Productor ejecutivo: José Ramón Aguirre.
Jefe de producción: Antonio Guerrero Tello.
Dirección: Emilio Fernández.
Asistente: Carlos L. Cabello.
Argumento: Sobre la novela *Aguas primaverales,* de Iván Turguéniev.
Adaptación: Mauricio Magdaleno y Emilio Fernández.
Fotografía: Gabriel Figueroa.
Música: Antonio Díaz Conde.
Canciones: Tata Nacho (*Nunca, nunca, nunca*), Cirilo C. Roldán (*Salutación*) y Silvestre Vargas (*La negra*).
Sonido: José B. Carles y José de Pérez.
Escenografía: Manuel Fontanals.
Maquillaje: Dolores Camarillo.
Edición: Jorge Bustos.
Duración: 86 minutos.

Intérpretes: Rita Macedo (Esperanza), Fernando Fernández (Julio Ramírez o Lorenzo Chávez), Eduardo Arozamena (don Rodrigo Vargas), Jorge Treviño (don Jorge), Fanny Schiller (doña Cuca, madre de Esperanza), Guillermo Gamer (coronel Rosalío Durán), Salvador Quiroz (teniente coronel Márquez), Arturo Soto Rangel (padre González), Antonio Haro Oliva (capitán Romero), Víctor M. Acosta (telegrafista), Rogelio Fernández (subteniente), Ismael Pérez (Panchito), Hernán Vera y Enriqueta Reza (viajeros del tren), Jaime Fernández, Agustín Fernández, Trío Calaveras, Antonio Bribiesca (guitarrista), Lupita Palomera.

Sinopsis: Julio, capitán de la Revolución, se enamora de Esperanza, la maestra del pueblo de Amecameca. Tras vencer al coronel federal Durán en un duelo a vida o muerte, Julio huye con Esperanza a los volcanes. Pero la pareja es alcanzada y asesinada por los hombres de Durán.

DEL ODIO NACE EL AMOR/THE TORCH (1949)

Producción: Eagle Lion, Bert Grabet. México-Norteamérica.
Jefe de Producción: Antonio Guerrero Tello.
Dirección: Emilio Fernández.
Asistente: Jaime L. Contreras.
Argumento: Íñigo de Martino, Benito Alazraki y Emilio Fernández.
Fotografía: Gabriel Figueroa.
Música: Antonio Díaz Conde.
Canción: Pedro Galindo (*La malagueña*).
Sonido: José B. Carles.
Escenografía: Manuel Fontanals.
Edición: Carles L. Kimball.
Duración: 90 minutos.

Intérpretes: Paulette Goddard (María Dolores Peñafiel), Pedro Armendáriz (general José Juan Reyes), Gilbert Roland (padre Rafael Sierra), Walter Reed (doctor Robert Stanley), Julio Villarreal (don Carlos Peñafiel), Carlos Múzquiz (Fidel Bernal), Margarito Luna (capitán Bocanegra), José Torvay (capitán Quiñónez), Pascual García Peña (don Apolonio), Antonia Kaneem o Rosa María Vázquez (Adelita).

Sinopsis: *Remake* de *Enamorada*.

ISLAS MARÍAS (1950)

Producción: Rodríguez Hermanos.
Gerente de producción: Manuel R. Ojeda.
Dirección: Emilio Fernández.
Asistente: Jorge López Portillo.
Argumento y adaptación: Mauricio Magdaleno y Emilio Fernández.
Fotografía: Gabriel Figueroa.
Música: Antonio Díaz Conde.
Canciones: José Alfredo Jiménez.
Sonido: José B. Carles y Galdino Samperio.
Escenografía: Manuel Fontanals.
Maquillaje: Armando Méyer.
Edición: Gloria Schoemann.
Duración: 82 minutos.

Intérpretes: Pedro Infante (Felipe), Rosaura Revueltas (doña Rosa Suárez, viuda de Ortiz), Rocío Sagaón (María), Jaime Fernández (Ricardo), Tito Junco (gobernador del penal), Esther Luquín (Alejandra), Rodolfo Acosta (El Silencio), Julio Villarreal (director del Colego Militar), Arturo Soto Rangel (Miguel), Felipe Montoya (licenciado), Hernán Vera (don Venancio).

Sinopsis: Alejandra mata a su amante sin pensar en las consecuencias que sus actos acarrearán a su familia. Su hermano Ricardo se quitará la vida incapaz de soportar la deshonra familiar y, Felipe, su otro hermano, carga con el crimen, por lo que es enviado preso a las islas Marías, donde se enamora de la joven María.

SIEMPRE TUYA (1950)

Producción: Cinematografía Industrial Productora de Películas, David Negrete.
Productor ejecutivo: Felipe Subervielle.
Jefe de producción: Antonio Sánchez Berraza.
Distribución: Columbia Pictures.
Dirección: Emilio Fernández.
Asistente: Alfonso Corona Blake.
Argumento y adaptación: Mauricio Magdaleno y Emilio Fernández.
Fotografía: Gabriel Figueroa.
Operador de cámara: Ignacio Romero.
Música: Antonio Díaz Conde.
Canciones: Pepe Guisar (*Acuarela potosina*) y otros (*México lindo*, etc...)
Sonido: José B. Carles y Galindo Samperio.
Escenografía: Manuel Fontanals.
Maquillaje: Armando Méyer.
Edición: Gloria Schoemann.

Intérpretes: Jorge Negrete (Ramón García), Gloria Marín (Soledad), Tito Junco (Alejandro Castro), Joan Page (Mirta), Arturo Soto Rangel (doctor), Juan M. Núñez (Jim), Abel López (Jack), Emilio Lara (campesino), Ismael Pérez Poncianito (niño), Ángel Infante (don Nicéforo), Salvador Quiroz (licenciado), Raúl Guerrero (portero), Lupe del Castillo (fondera), Carlos Riquelme, Joaquín Grajales, José Muñoz, Fernando Galiana, Jorge Vidal.

Sinopsis: Ramón y Soledad, campesinos de Jerez, Zacatecas, emigran a la ciudad de México. Su miseria tiene los días contados, pues Ramón triunfará como cantante en la radio. Pero también su amor está condenado, ya que Ramón se enamora de la

en el que se aloja, intentará ayudarla, pero todo son fracasos. Para su desgracia, Cristina se enamora profundamente del pobre Ricardo, aunque al final resultará ser el más rico de los galanes, y le pedirá que se case con él.

EL MAR Y TÚ (1951)

Producción: Galindo Hermanos, Pedro y Jesús Galindo.
Dirección: Emilio Fernández.
Asistente: Jesús Marín.
Argumento: Emilio Fernández.
Adaptación: Mauricio Magdaleno.
Fotografía: Gabriel Figueroa.
Música: Antonio Díaz Conde.
Sonido: José B. Carles.
Escenografía: Ramón Rodríguez Granada.
Maquillaje: Elda Loza.
Edición: Gloria Schoemann.
Duración: 91 minutos.

Intérpretes: Jorge Mistral (Marcial Ortega), Columba Domínguez (Julia, *La Gaviota*), Martha Roth (Rosa), Rodolfo Acosta (Rufino Mora), Manuel Bernal (el poeta), Rogelio Fernández, Agustín Fernández, Salvador Quiroz (juez), Manuel Vergara Manver.

Sinopsis: Después de combatir en la guerra de Corea, el pescador Marcial vuelve a su pueblo, donde encuentra a su novia Julia casada con su mejor amigo, el cacique Rufino. Al saber Julia que Rufino la engañó diciéndole que Marcial había muerto, la mujer decide abandonarle. Pero él no se lo va a consentir y opta por matarla. Marcial, desesperado, se enfrenta a Rufino en un combate que les cuesta la vida a ambos.

CUANDO LEVANTA LA NIEBLA (1952)

Producción: Tele Voz, Miguel Alemán, Jr.
Gerente de producción: Luis Leal Solares.
Jefe de producción: Antonio Guerrero Tello.
Dirección: Emilio Fernández.
Asistente: Julio Cahero.
Argumento: Íñigo de Martino y Adolfo Torres Portillo.
Adaptación: Julio Alejandro.
Fotografía: Gabriel Figueroa.
Operador de cámara: Ignacio Romero.
Música: Antonio Díaz Conde.
Sonido: José B. Carles y Galdino Samperio.
Escenografía: Manuel Fontanals.
Maquillaje: Armando Méyer.
Edición: Gloria Schoemann.
Duración: 100 minutos.

Intérpretes: Arturo de Córdova (Pablo Aldama), María Elena Marqués (Silvia), Columba Domínguez (Ana), Tito Junco (José Fuentes o Alberto Rivera), Arturo Soto Rangel (tío Carlos), Julio Villarreal (doctor Arias), Wolf Ruvinskis (enfermo), Linda Cristal.

Sinopsis: Pablo, internado en una clínica de neuropsiquiatría, hace que la enfermera Ana dé sin saberlo una droga mortal a

(enfermera), Miroslava (enfermera), Esther Fernández (enfermera), Columba Domínguez (Petra), Amanda del Llano (sirvienta), Domingo Soler (padre Márquez), Pedro Infante (Edmundo Bernal), Carmen Sevilla (María Eugenia), Carlos López Moctezuma (agente del Ministero público), Clavillazo (Damián García), Mercedes Barba (patrona), Tin Tan (pachuco), Lola Flores (bailaora), Libertad Lamarque (cantante), Pedro Vargas (cantante), Fernando Soler (Ernesto del Valle), Luis Procuna (torero), Pedro López Lagar (ladrón), Joaquín Pardavé (ladrón), Dolores del Río (María Enriqueta), María Félix (actriz).

Sinopsis: En vísperas de Año Nuevo, Bernardo, dueño de un periódico, ofrece diez mil pesos al reportero que le traiga la mejor noticia de la noche. Emilio Fernández toma la idea del francés Julien Duvivier y crea un cúmulo de breves historias melodramáticas, ligadas por un hilo conductor común: un pretexto periodístico. Fue un trabajo de colaboración colectiva —salvo Mario Moreno *Cantinflas,* que se negó a trabajar gratuitamente— de todos los rostros de la industria, para inyectar algunos beneficios a las dañadas arcas del ANDA.

EL RAPTO (1953)

Producción: Filmadora Atlántida. México.
Dirección: Emilio Fernández.
Guión: Emilio Fernández, Íñigo de Martino y Mauricio Magdaleno.
Fotografía: Agustín Martínez Solares.
Música: Manuel Esperón.
Escenografía: Salvador Lozano Mena.
Duración: 113 minutos.

Intérpretes: Jorge Negrete (Ricardo Alfaro), María Félix (Aurora Campos y Campos), Andrés Soler (don Cástulo), José Elías Moreno, Rodolfo Landa, Emma Roldán, José Ángel Espinosa, Manuel Noriega y Rogelio Fernández.

Sinopsis: Aurora, una mujer deseada por todos, quiere comprar la casa del ranchero Ricardo, al enterarse de que éste ha muerto. Las autoridades de Santiago de Alfaro han aceptado sus condiciones y no se oponen a la venta. De repente reaparece Ricardo, todo ha sido un error y quiere recuperar su casa. La única solución que ofrecen el presidente municipal Constancio, el tesorero Cándido, el secretario Prudencio y el juez Cástulo es que los dos propietarios se casen, pues no pueden devolverle a Aurora la cifra que les pagó por la vivienda.

Los implicados acceden, pero la solución es desastrosa. Ella se aísla en un cuarto y él se emborracha sin cesar, hasta que decide sacar fuerzas de flaqueza y cortejar a su mujer. Fatiga lo indecible pero, cuando ya parece todo perdido, ella se declara completamente enamorada del ranchero.

LA ROSA BLANCA (1953)

Producción: Películas Antillas. Mexico-Cuba.
Productores ejecutivos: Felipe Suberville, Justo Rodríguez y Eduardo Hernández Toledo.
Dirección: Emilio Fernández.
Asistente: Américo Fernández.
Argumento y adaptación: Mauricio Magdaleno, Íñigo de Martino y Emilio Fernández.

Asesor militar: General Arístides Sosa.
Fotografía: Gabriel Figueroa.
Operador de cámara: Ignacio Torres.
Música: Antonio Díaz Conde.
Asesor musical folclórico: Odilio Urfé.
Sonido: José B. Carles.
Escenografía: Manuel Fontanals.
Maquillaje: Armando Méyer.
Edición: José Bustos.
Duración: 106 minutos.

Intérpretes: Roberto Cañedo (José Martí), Gina Cabrera (Carmen), Julio Capote (José Martí, joven), Dalia Íñiguez (madre de Martí), Julio Villarreal (padre de Martí), Raquel Revuelta, Andrés Soler, Rebeca Iturbide (Rosario de la Peña), Alicia Caro (María), Juan José Martínez Casado, Rodolfo Landa, Jorge Casanova, Gaspar Pombo, Celestino San Gil, Rafael Alcayde, Miguel Inclán, Arturo Soto Rangel, Palma de Ribera, Agustín Campos, Santiago Ríos, Raúl Díaz, Pedro Martín Planas, Manolo Riera, Enrique Medina, Jorge Max, Manuel Noriega.

Sinopsis: Se narran partes de la vida del prócer y poeta cubano José Martí (1953-1895), desde su juventud estudiantil en La Habana hasta su muerte en la acción de Dos Ríos.

LA REBELIÓN DE LOS COLGADOS (1954)

Producción: José Kohn.
Productor ejecutivo: Felipe Subervielle.
Jefe de producción: José Alcalde Gámiz.

Dirección: Emilio Fernández y Alfredo B. Crevenna.
Asistente: Jaime L. Contreras.
Argumento: Sobre la novela de B. Traven.
Adaptación: John Bright (Hal Croves).
Fotografía: Gabriel Figueroa.
Operador de cámara: Ignacio Romero.
Música: Antonio Díaz Conde.
Sonido: José B. Carles y Galdino Samperio.
Escenografía: Manuel Fontanals.
Maquillaje: Armando Méyer.
Edición: Gloria Schoemann.

Intérpretes: Pedro Armendáriz (Cándido Castro), Ariadna Welter (Modesta), Carlos López Moctezuma (Félix Montellano), Víctor Junco (Celso), Amanda del Llano (Áurea), Tito Junco (don Gabriel), Miguel Ángel Férriz (Severo Montellano), Luis Aceves Castañeda (Acacio Montellano), Jaime Fernández (peón), Carlos Riquelme (don Raúl, farmacéutico), Ismael Pérez Poncianito (hijo de Cándido), Rogelio Fernández (Martín Trinidad), Agustín Fernández (capataz), Eduardo Alcaraz (doctor), Francisco Reiguera (hombre de la funeraria), Bruno Márquez (Juan Méndez), Álvaro Matute (El Pícaro), Ramiro Orci, José Vázquez, Princesa Nicte-Ha, Emilio Garibay, Guillermo Álvarez Bianchi (cocinero), Salvador Terroba.

Sinopsis: El ranchero Cándido se arruina al intentar curar en vano a su esposa. Para pagar sus deudas tiene que ir a trabajar de peón a una montería en la selva, administrada por los hermanos Montellano. Le acompañan sus hijos y su hermana Modesta. Allí se suceden una serie de atropellos, crueldades e injusticias, pero, al fin, los peones se rebelan victoriosamente.

NOSOTROS DOS (1954)

Producción: Diana Films, Salvador Elizondo/Unión Films. Mexico-España.
Dirección: Emilio Fernández.
Argumento: María Luisa Algarra.
Adaptación: Enrique Llovet y Emilio Fernández.
Fotografía: Alex Phillips.
Música: Isidro Maiztegui.
Escenografía: Eduardo Torre de la Fuente.
Edición: Antonio Gimeno.

Intérpretes: Rossana Podestá (María), Marco Vicario (Beto), Tito Junco (Lupo), José María Lado (Taurino Avilés), Julia Caba Alba (Francisca Loria), Félix Briones, Elvira del Real, Aníbal Vela, Félix Fernández.

Sinopsis: Francisca, viuda de un italiano, vuelve a su pueblo castellano con su joven hija María. Mientras Francisca busca en vano el dinero de su hermano muerto, dos hombres se interesan por María. Lupo trata de violarla, lo que mata del disgusto a Francisca. El hermano pequeño del infractor, el buen Beto, consigue casarse con María y abandonan juntos el pueblo.

LA TIERRA DE FUEGO SE APAGA (1955)

Producción: Mapol. Argentina.
Director de producción: Adalberto Páez Arenas.
Coordinador de producción: Alejandro Guzmán.
Supervisión: Óscar J. Brooks.

Dirección: Emilio Fernández.
Asistente: Henry Vico.
Argumento: Sobre la obra de Francisco Coloane.
Adaptación: José Ramón Luna y Emilio Fernández.
Fotografía: Gabriel Figueroa.
Operadores de cámara: Ignacio Romero y Pablo Ríos.
Música: Antonio Díaz Conde y Víctor Bucino.
Sonido: Mario Fezia y José Saracino.
Escenografía: Carlos Dowling.
Vestuario: María Cruz.
Maquillaje: César Combín y Gilberto Márquez.
Edición: José Cardella.
Duración: 84 minutos.

Intérpretes: Ana María Lynch (Alba), Erno Crisa (Malambo), Armando Silvestre (Yagano), Eduardo Rudy (Nicasio Vera), Berta Moss (patrona del burdel), Diulio Marzio (patrón), Margarita Corona (Margot), Julio Molina Cabral, Pedro Laxalt, Jorge Villoldo, Roberto Barcel, Paul Ellis, Vito Catalano, Guillermo Bermejo, Beatriz Padilla.

Sinopsis: Un pastor de la Patagonia argentina, Malambo, protege a la prostituta Alba, de quien acaba enamorándose. Después de matar al malvado Yagano y a otros dos villanos que persiguen el oro y las riquezas del pastor, Malambo da su dinero a Alba para que pueda huir y empezar una nueva vida. Él se entrega a la justicia.

UNA CITA DE AMOR (1956)

Producción: Cinematográfica Latino Americana y Unipromex, Jorge García Besné.

Jefe de producción: José Luis Busto.

Dirección: Emilio Fernández.

Asistente: Jesús Marín.

Argumento: Sobre la novela *El niño de la bola*, de Pedro Antonio de Alarcón.

Adaptación: Mauricio Magdaleno y Emilio Fernández.

Fotografía: Gabriel Figueroa.

Música: Antonio Díaz Conde.

Canciones: *A los cuatro vientos*, *El palomo y la paloma*.

Sonido: José B. Carles.

Escenografía: Manuel Fontanals.

Edición: Gloria Schoemann.

Duración: 86 minutos.

Intérpretes: Silvia Pinal (Soledad), Carlos López Moctezuma (don Mariano), Jaime Fernández (Román), Amalia Mendoza (La Tariácuri), José Elías Moreno (juez de Acordada), Agustín Fernández (sustituto del juez), Guillermo Crámer (Ernesto Díaz), Arturo Soto Rangel, Emilio Garibay.

Sinopsis: El campesino Román y Soledad, hija del terrateniente don Mariano, se aman apasionadamente. Don Mauricio se opone a esa relación y pretende casar a su hija con el rico Ernesto. Román mata a Ernesto y huye a la montaña. Desesperado, asalta la hacienda de don Mariano para ver a Soledad, pero es tiroteado y muere en los brazos de su desolada amada.

EL IMPOSTOR (1956)

Producción: Cinematográfica Latino Americana o CLASA, Eduardo Quevedo.
Productor asociado: Rodolfo Quevedo.
Jefe de producción: Enrique L. Morfín.
Dirección: Emilio Fernández.
Asistente: Ignacio Villarreal.
Argumento: Sobre pieza *El gesticulador,* de Rodolfo Usigli.
Adaptación: Ramón Obón y Rafael García Travesí.
Fotografía: Raúl Martínez Solares.
Operador de cámara: Cirilo Rodríguez.
Música: Antonio Díaz Conde.
Sonido: Luis Fernández.
Escenografía: Salvador Lozano Mena.
Maquillaje: Carmen Palomino.
Edición: Carlos Savage.
Duración: 79 minutos.

Intérpretes: Padro Armendáriz (César Rubio), Amanda del Llano (Elena), Silvia Derbez (Julia), Jaime Fernández (Miguel), José Elías Moreno (general Navarro), Julio Taboada, Manuel Dondé, Víctor Velásquez, Margarito Luna, Álvaro Matute, Quintín Bulnes, Luis Aragón.

Sinopsis: Por su apoyo a la rebeldía estudiantil, el catedrático universitario Rubio se traslada con su familia a su pueblo natal e intentará vivir del campo. Ante la posibilidad de que el indeseable Navarro sea elegido gobernador, Rubio acepta oponérsele en unas elecciones, haciéndose pasar por su primo, un general revolucionario asesinado en 1914 por Navarro.

PUEBLITO (1961)

Producción: Producciones Bueno, José Luis Bueno y Ezequiel Padilla, Jr.

Productor ejecutivo: Dawson Bray.

Gerente de producción: Alfredo Vilana.

Jefe de producción: Ricardo Beltri.

Dirección: Emilio Fernández.

Asistente: Carlos Villatoro.

Argumento: Emilio Fernández, Francisco de P. Cabrera y Mauricio Magdaleno, sobre una idea del arquitecto Guillermo Rivadeneyra.

Adaptación: Mauricio Magdaleno.

Fotografía: Alex Phillips.

Operadores de cámara: Leobardo Sánchez y Armando Carrillo.

Música: Antonio Díaz Conde.

Canciones: *Ingrato amor*, *La fonda chiquita*, *Las golondrinas*, *Las mañanitas*, etc...

Sonido: Jesús González Gancy y Galdino Samperio.

Escenografía: Manuel Fontanals.

Maquillaje: Román Juárez.

Edición: Gloria Schoemann.

Duración: 85 minutos.

Intérpretes: José Alonso Cano (Guillermo), Columba Domínguez (Asunción), Lidia Prado (Margarita), Fernando Soler (don César Pedrero), María Elena Marqués (Rosalía Muñoz), Alberto Galán (don Sotero), Gabriel del Río (Filiberto), Emilio Fernández (cliente de la fonda).

Sinopsis: Pese a la oposición del cacique del pueblo, don César, la maestra Rosalía consigue que el ingeniero Guillermo le construya una escuela. La esposa de don César, Margarita, tiene una relación secreta con Guillermo, de quien Rosalía también está enamorada.

PALOMA HERIDA (1962)

Producción: Manuel Zeceña Diéguez. Mexico-Guatemala.
Dirección: Emilio Fernández.
Asistente: José Luis Ortega.
Argumento: Emilio Fernández.
Adaptación: Juan Rulfo.
Fotografía: Raúl Martínez Solares.
Operador de cámara: León Sánchez.
Música: Antonio Díaz Conde.
Ejecución: Orquesta Sinfónica de Guatemala dirigida por Manuel Gómez.
Canciones: Cuco Sánchez (*Paloma querida* y *Trono de ilusiones*), Chucho González (*Vamos todos a bailar*, twist), anónimo (*La cucaracha*, twist).
Guitarra: Antonio Bribiesca.
Sonido: José B. Carles y Enrique Rodríguez.
Escenografía: Ramón Rodríguez Granada.
Edición: Juan José Marino.
Duración: 85 minutos.

Intérpretes: Patricia Conde (Paloma), Emilio Fernández (Danilo Zeta), Andrés Soler (juez) Noé Murayama (Melesio), Georgia Quental (Carioca), Columba Domínguez (Amalia), Raúl Ferrer (Esteban), Cuco Sánchez (indígena), Alberto Martínez (don Fidencio), Teresa Martínez, Agustín Fernández (esbirro), José Luis Ortega (esbirro).

Sinopsis: Interrogada por un juez, la joven Paloma cuenta por qué mató al perverso Zeta. Éste esclavizó al pueblo donde ella vivía con su familia, acabó con la vida del joven pescador Esteban el mismo día de su boda con Paloma, asesinó al padre de ésta y, no contento con ello, también violó a la joven, dejándola embarazada de un niño.

UN DORADO DE PANCHO VILLA (1966)

Producción: Producciones Centauro, Antonio del Castillo y Emilio Fernández.

Asistente: Manuel Muñoz.

Argumento y adaptación: Emilio Fernández.

Fotografía (Eastmancolor): José Ortiz Ramos.

Música: Manuel Esperón.

Canciones: *La cucaracha*, *La Adelita* y otras.

Sonido: Eduardo Arjona.

Escenografía: Javier Torres Torija.

Maquillaje: Sara Mateos.

Edición: Gloria Schoemann.

Duración: 95 minutos.

Intérpretes: Emilio Fernández (Aurelio Pérez), Maricruz Olivier (Amalia Espinosa), Carlos López Moctezuma (Gonzalo de los Monteros), Sonia Amelio (María Dolores), José Eduardo Pérez (id., Capitán), Trinidad Villa (Pancho Villa), Jorge Pérez Hernández (Chava), Aurora Cortés y Celia Viveros (lavanderas), Margarita Cortés, Leonor Gómez, Margarito Luna, Salvador Godínez.

Sinopsis: Al deponer Villa las armas, sus dorados regresan a casa. Aurelio encuentra que su amada se ha casado con un latifundista, molesto con su vuelta.

EL CREPÚSCULO DE UN DIOS (1968)

Producción: Producciones Centauro: Antonio del Castillo y Emilio Fernández.
Productor ejecutivo: Antonio del Castillo.
Gerentes de producción: Salvador Godínez y Carlos León.
Jefe de producción: Enrique Villa.
Dirección: Emilio Fernández.
Asistente de dirección: Julio Cahero.
Guión: Emilio Fernández.
Fotografía (Eastmancolor): Raúl Martínez Solares.
Operador de cámara: Cirilo Rodríguez.
Música: Manuel Esperón y Joan Sebastian Bach (Tocata y fuga en re menor).
Sonido: Javier Mateos y Galdino Samperio.
Escenografía: Alfonso Godínez.
Vestuario: Mario Chávez.
Maquillaje: Elda Loza.
Edición: Rafael Cevallos.
Duración: 100 minutos.

Intérpretes: Guillermo Murria (Roberto Espinosa de los Monteros), Sonia Amelio, Ana Luisa Peluffo (condesa), Carlos López Moctezuma (conde de Molinero), Wolf Ruvinskis (Charles), Guillermo Rivas (detective del hotel), Fernando Fernández (gerente del hotel), Jorge Reyes, Alberto Galán (médico), Emilio Fernández, Eric del Castillo, Polo Ortín, Jorge Zamora (ayudante del bartender), Soledad Acosta, Sara Levy (cigarrera), Agustín Fernández, Carlos León, Guillermo Herrera, Manuel Esperón, Yolanda Montes, Tongolete y Joaquín, Trío Calaveras.

Sinopsis: La italiana Sonia ha sido condenada a la silla eléctrica, y el actor Roberto está gravemente enfermo del corazón, por lo que los médicos creen que le queda poco tiempo de vida. Ambos coinciden en un hotel donde ella se refugia esperando subirse a una avioneta que la lleve lejos de allí y poder evitar así la sentencia. Pero con la llegada de Roberto, Sonia desiste de su fuga y es detenida por la policía. Sonia y Roberto se separan sin saber ninguno de ellos que el otro también morirá y que pronto sus almas podrán reencontrarse en el más allá, donde podrán vivir su amor en otra dimensión.

LA CHOCA (1973)

Producción: Churubusco (Conacine).
Productor ejecutivo: Juan Antonio de la Cámara.
Jefe de producción: Enrique L. Morfín.
Dirección: Emilio Fernández.
Asistente de dirección: Felipe Palomino.
Guión: Adolfo Díaz Bullard.
Adaptación: Emilio Fernández.
Fotografía (Eastmancolor): Daniel López.
Operador de cámara: Lupe García.
Música: Antonio Díaz Conde.
Sonido: Manuel Topete y Ramón Moreno.
Escenografía: Agustín Ituarte.
Maquillaje: Esther Oropeza.
Edición: Jorge Bustos.
Duración: 94 minutos.

Intérpretes: Pilar Pellicer (La Choca), Mercedes Carreño (Flor), Gregorio Casal (Guacho), Armando Silvestre (Javier), Salvador Sánchez (Audías), Chano Urueta (don Pomposo), Juanito Guerra (Martincito).

Sinopsis: Guacho, Javier y Audías son unos contrabandistas de marihuana que, huyendo de la policía, se esconden en la selva y llegan al lugar donde vive el hombre que les denunció: Martín. Su mujer, La Choca; su hijo, Martincito; el abuelo, don Pomposo, y la joven Flor, hermana de Martín, son los restantes habitantes de la casa. Cuando, siguiendo la ley de la venganza, Martín es asesinado, todos ellos quedan desvalidos. La Choca se hace amante de Guacho, pero al ver que éste también mantiene relaciones carnales con Flor, inicia una matanza a la que sólo sobreviven La Choca y el pequeño Martincito, que escapa del lugar.

ZONA ROJA (1975)

Producción: Conacine y STPC.
Gerente de producción: Luis García de León.
Jefe de producción: Alfonso Chavira.
Dirección: Emilio Fernández.
Asistente de dirección: Felipe Palomino.
Guión: Emilio Fernández.
Adaptación: Emilio Fernández y José Revueltas.
Fotografía (Eastmancolor): Daniel López.
Operador de cámara: Felipe L. Mariscal.
Música: Manuel Esperón.
Sonido: Jesús González Gancy

Efectos especiales: Gonzalo Gavira.

Escenografía: Agustín Ituarte.

Decorados: Rafael Suárez.

Maquillaje: Rosa Guerrero.

Edición: Jorge Bustos.

Duración: 96 minutos.

Intérpretes: Fanny Cano (Leonor Dubois), Armando Silvestre (Juan), Víctor Junco (el soplón), Venetia Vianello (La Madame), Mercedes Carreño (bailarina), Lina Michel (Violeta), Emilio Fernández (Francisco Canales), Quintín Bulnes (inspector de sanidad), Mariana Lobo (Chabela), María Sorté (La Pancha), Yolanda Rigel (Yolanda), José Chávez (mesero), Florencio Castelló (cocinero andaluz), Chimi Monterrey (cocinero negro), Linda de Burge (Jacaranda), Manuel Esperón (pianista), Guillermo Segura (Jazmín, gay), Carlos León y Agustín Fernández (policías), Federico González (merenguero), Emilia Pietra Santa, Angélica Morales (oradora), Patricia Ferrer, Neri Ruiz, Nora Escudero, Grace Renat, Alicia Echeverría, Ángela Rodríguez, Rebeca Verderráin, Ana Luz Santos, Gabriela Ríos, Isabel Ojailén.

Sinopsis: Juan, fugitivo de la cárcel, encuentra en un burdel a su amada Leonor, por quien cometió el crimen que le llevó a prisión. Juan y Leonor se refugian en un pueblo de pescadores bajo la protección de Canales, que es la autoridad del lugar, pero ella debe regresar al cabaret para ver a su hija de tres años. Juan, que quiere casarse con Leonor, vuelve a buscar a la mujer, pero tanto él como Canales mueren en un tiroteo con la policía.

MÉXICO NORTE (1977)

Producción: Conacine.
Productor ejecutivo: Gonzalo Elvira.
Gerente de producción: Pablo Buelna.
Jefe de producción: Jorge Cerdeña.
Dirección: Emilio Fernández.
Asistente de dirección: Valerio Olivo.
Guión: Emilio Fernández.
Adaptación: Emilio Fernández y Ricardo Garibay.
Fotografía (Eastmancolor): Daniel López.
Operador de cámara: Felipe L. Mariscal.
Música: Miguel Pons.
Canciones: *La cárcel de Cananea, El palomo y la paloma, La nube negra*.
Sonido: José García Esparza y Jesús González Gancy.
Escenografía: Jorge Fernández.
Decorados: Raúl Serrano.
Maquillaje: Rosa Guerrero.
Edición: José Bustos.
Duración: 103 minutos.

Intérpretes: Roberto Cañedo (Aurelio Cantú Cárdenas), Patricia Reyes Spínosa (Paloma), Narciso Busquets (Ramiro Reséndiz), Alejandro González (Julio Reséndiz), Claudia Ivette Castañeda (Felipa), Leonardo Mendoza (Rómulo), Federico González (preso).

Sinopsis: *Remake* de *Pueblerina*, con la variante de que Paloma tiene ahora una hija en vez de un hijo.

ERÓTICA (1978)

Producción: Conacine.
Gerente de producción: Roberto Lozoya.
Jefe de producción: Nicolás Reyero.
Dirección: Emilio Fernández.
Asistente de dirección: Felipe Palomino.
Guión: Emilio Fernández.
Fotografía (Eastmancolor): Daniel López.
Música: Gustavo César Carrión.
Sonido: Manuel Topete.
Escenografía: Guillermo Barclay.
Edición: Jorge Bustos.
Duración: 82 minutos.

Intérpretes: Jorge Rivero (José Luis), Rebeca Silva (Erótica), Jaime Moreno (Antonio), Emilio Fernández (comandante Rafael Hernández), Elizabeth Dupeyrón, René Barrera.

Sinopsis: Ver la primera versión, *La red*. El director nuevamente acomete el erotismo trágico que enfrenta a dos hombres por el deseo desenfrenado hacia una mujer.

Índice

Títulos publicados en esta colección

EMILIANO ZAPATA
Juan Gallardo Muñoz

MOCTEZUMA
Juan Gallardo Muñoz

PANCHO VILLA
Francisco Caudet

BENITO JUÁREZ
Francisco Caudet

MARIO MORENO "CANTINFLAS"
Cristina Gómez
Inmaculada Sicilia

J. MARÍA MORELOS
Alfonso Hurtado

MARÍA FÉLIX
Helena R. Olmo

AGUSTÍN LARA
Luis Carlos Buraya

PORFIRIO DÍAZ
Raul Pérez López-Portillo

JOSÉ CLEMENTE OROZCO
Raul Pérez López-Portillo

AGUSTÍN DE ITURBIDE
Francisco Caudet

MIGUEL HIDALGO
Maite Hernández

DIEGO RIVERA
Juan Gallardo Muñoz

DOLORES DEL RÍO
Cinta Franco Dunn

FRANCISCO MADERO
Raul Pérez López-Portillo

DAVID A. SIQUEIROS
Maite Hernández

LÁZARO CÁRDENAS
Raul Pérez López-Portillo

EMILIO "INDIO" FERNÁNDEZ
Javier Cuesta

SAN JUAN DIEGO
Juan Gallardo Muñoz

FRIDA KAHLO
Araceli Martínez

OCTAVIO PAZ
Juan Gallardo Muñoz

ANTHONY QUINN
Miguel Juan Payán
Silvia García Pérez

SALMA HAYEK
Vicente Fernández

GUADALUPE VICTORIA
Francisco Caudet

SOR JUANA INÉS DE LA CRUZ
Juan M. Galaviz

JORGE NEGRETE
Luis Carlos Buraya

JOSÉ VASCONCELOS
Juan Gallardo Muñoz

NEZAHUALCOYOTL
Tania Mena

VICENTE GUERRERO
Jorge Armendariz

IGNACIO ZARAGOZA
Alfonso Hurtado